ŒUVRES COMPLÈTES
DE
GUY DE MAUPASSANT

LE HORLA

LE VOYAGE DU HORLA

UN FOU?

LE HORLA (VERSION PREMIÈRE)

PARIS

LOUIS CONARD, LIBRAIRE-ÉDITEUR

17, BOULEVARD DE LA MADELEINE, 17

MDCCCCIX

ŒUVRES COMPLÈTES

DE

GUY DE MAUPASSANT

LA PRÉSENTE ÉDITION

DES

ŒUVRES COMPLÈTES DE GUY DE MAUPASSANT

A ÉTÉ TIRÉE

PAR L'IMPRIMERIE NATIONALE

EN VERTU D'UNE AUTORISATION

DE M. LE GARDE DES SCEAUX

EN DATE DU 30 JANVIER 1902.

———

IL A ÉTÉ TIRÉ DE CETTE ÉDITION

100 EXEMPLAIRES SUR PAPIER DE LUXE

SAVOIR :

60 exemplaires (1 à 60) sur japon ancien.
20 exemplaires (61 à 80) sur japon impérial.
20 exemplaires (81 à 100) sur chine.

———

*Le texte de ce volume
est conforme à celui de l'édition originale : Le Horla
Paris, Paul Ollendorff, 1887,
moins Sauvée déjà publiée dans la Petite Roque
avec addition de :
Le Voyage du Horla — Un Fou (inédits).
Le Horla (version première inédite).*

ŒUVRES COMPLÈTES
DE
GUY DE MAUPASSANT

LE HORLA

—

LE VOYAGE DU HORLA

UN FOU?

LE HORLA (VERSION PREMIÈRE)

PARIS
LOUIS CONARD, LIBRAIRE-ÉDITEUR
17, BOULEVARD DE LA MADELEINE, 17

—

MDCCCCIX
Tous droits réservés.

LE HORLA

LE HORLA.

8 mai. — Quelle journée admirable! J'ai passé toute la matinée étendu sur l'herbe, devant ma maison, sous l'énorme platane qui la couvre, l'abrite et l'ombrage tout entière. J'aime ce pays, et j'aime y vivre parce que j'y ai mes racines, ces profondes et délicates racines, qui attachent un homme à la terre où sont nés et morts ses aïeux, qui l'attachent à ce qu'on pense et à ce qu'on mange, aux usages comme aux nourritures, aux locutions locales, aux intonations des paysans, aux odeurs du sol, des villages et de l'air lui-même.

J'aime ma maison où j'ai grandi. De mes fenêtres, je vois la Seine qui coule, le long

de mon jardin, derrière la route, presque
chez moi, la grande et large Seine, qui va de
Rouen au Havre, couverte de bateaux qui
passent.

A gauche, là-bas, Rouen, la vaste ville aux
toits bleus, sous le peuple pointu des clochers
gothiques. Ils sont innombrables, frêles ou
larges, dominés par la flèche de fonte de la
cathédrale, et pleins de cloches qui sonnent
dans l'air bleu des belles matinées, jetant jusqu'à moi leur doux et lointain bourdonnement
de fer, leur chant d'airain que la brise m'apporte, tantôt plus fort et tantôt plus affaibli,
suivant qu'elle s'éveille ou s'assoupit.

Comme il faisait bon ce matin !

Vers onze heures, un long convoi de navires, traînés par un remorqueur gros comme
une mouche, et qui râlait de peine en vo-
missant une fumée épaisse, défila devant ma
grille.

Après deux goélettes anglaises, dont le
pavillon rouge ondoyait sur le ciel, venait
un superbe trois-mâts brésilien, tout blanc,
admirablement propre et luisant. Je le saluai,
je ne sais pourquoi, tant ce navire me fit
plaisir à voir.

11 mai. — J'ai un peu de fièvre depuis
quelques jours; je me sens souffrant, ou plutôt
je me sens triste.

D'où viennent ces influences mystérieuses
qui changent en découragement notre bonheur
et notre confiance en détresse. On dirait que
l'air, l'air invisible est plein d'inconnaissables
Puissances, dont nous subissons les voisinages
mystérieux. Je m'éveille plein de gaieté, avec
des envies de chanter dans la gorge. — Pourquoi? — Je descends le long de l'eau; et
soudain, après une courte promenade, je
rentre désolé, comme si quelque malheur
m'attendait chez moi. — Pourquoi? — Est-ce
un frisson de froid qui, frôlant ma peau, a
ébranlé mes nerfs et assombri mon âme?
Est-ce la forme des nuages, ou la couleur du
jour, la couleur des choses, si variable, qui,
passant par mes yeux, a troublé ma pensée?
Sait-on? Tout ce qui nous entoure, tout ce
que nous voyons sans le regarder, tout ce que
nous frôlons sans le connaître, tout ce que
nous touchons sans le palper, tout ce que nous
rencontrons sans le distinguer, a sur nous,
sur nos organes et, par eux, sur nos idées, sur
notre cœur lui-même, des effets rapides, surprenants et inexplicables.

Comme il est profond, ce mystère de l'Invisible! Nous ne le pouvons sonder avec nos
sens misérables, avec nos yeux qui ne savent
apercevoir ni le trop petit, ni le trop grand,
ni le trop près, ni le trop loin, ni les habi-

tants d'une étoile, ni les habitants d'une goutte d'eau... avec nos oreilles qui nous trompent, car elles nous transmettent les vibrations de l'air en notes sonores. Elles sont des fées qui font ce miracle de changer en bruit ce mouvement et par cette métamorphose donnent naissance à la musique, qui rend chantante l'agitation muette de la nature... avec notre odorat, plus faible que celui du chien... avec notre goût, qui peut à peine discerner l'âge d'un vin!

Ah! si nous avions d'autres organes qui accompliraient en notre faveur d'autres miracles, que de choses nous pourrions découvrir encore autour de nous!

16 mai. — Je suis malade, décidément! Je me portais si bien le mois dernier! J'ai la fièvre, une fièvre atroce, ou plutôt un énervement fiévreux, qui rend mon âme aussi souffrante que mon corps. J'ai sans cesse cette sensation affreuse d'un danger menaçant, cette appréhension d'un malheur qui vient ou de la mort qui approche, ce pressentiment qui est sans doute l'atteinte d'un mal encore inconnu, germant dans le sang et dans la chair.

18 mai. — Je viens d'aller consulter mon médecin, car je ne pouvais plus dormir. Il m'a trouvé le pouls rapide, l'œil dilaté, les

nerfs vibrants, mais sans aucun symptôme
alarmant. Je dois me soumettre aux douches
et boire du bromure de potassium.

25 mai. — Aucun changement! mon état,
vraiment, est bizarre. A mesure qu'approche
le soir, une inquiétude incompréhensible
m'envahit, comme si la nuit cachait pour moi
une menace terrible. Je dîne vite, puis j'essaye de lire; mais je ne comprends pas les
mots; je distingue à peine les lettres. Je
marche alors dans mon salon de long en
large, sous l'oppression d'une crainte confuse
et irrésistible, la crainte du sommeil et la
crainte du lit.

Vers dix heures, je monte dans ma chambre. A peine entré, je donne deux tours de
clef, et je pousse les verrous; j'ai peur...
de quoi?... Je ne redoutais rien jusqu'ici...
j'ouvre mes armoires, je regarde sous mon lit;
j'écoute... j'écoute... quoi?... Est-ce étrange
qu'un simple malaise, un trouble de la circu-
lation peut-être, l'irritation d'un filet nerveux,
un peu de congestion, une toute petite per-
turbation dans le fonctionnement si imparfait
et si délicat de notre machine vivante, puisse
faire un mélancolique du plus joyeux des
hommes, et un poltron du plus brave? Puis
je me couche, et j'attends le sommeil comme
on attendrait le bourreau. Je l'attends avec

l'épouvante de sa venue; et mon cœur bat, et mes jambes frémissent; et tout mon corps tressaille dans la chaleur des draps, jusqu'au moment où je tombe tout à coup dans le repos, comme on tomberait pour s'y noyer, dans un gouffre d'eau stagnante. Je ne le sens pas venir, comme autrefois, ce sommeil perfide, caché près de moi, qui me guette, qui va me saisir par la tête, me fermer les yeux, m'anéantir.

Je dors — longtemps — deux ou trois heures — puis un rêve — non — un cauchemar m'étreint. Je sens bien que je suis couché et que je dors,... je le sens et je le sais... et je sens aussi que quelqu'un s'approche de moi, me regarde, me palpe, monte sur mon lit, s'agenouille sur ma poitrine, me prend le cou entre ses mains et serre... serre... de toute sa force pour m'étrangler.

Moi, je me débats, lié par cette impuissance atroce, qui nous paralyse dans les songes; je veux crier, — je ne peux pas; — je veux remuer, — je ne peux pas; — j'essaye, avec des efforts affreux, en haletant, de me tourner, de rejeter cet être qui m'écrase et qui m'étouffe, — je ne peux pas!

Et soudain, je m'éveille, affolé, couvert de sueur. J'allume une bougie. Je suis seul.

Après cette crise, qui se renouvelle toutes

les nuits, je dors enfin, avec calme, jusqu'à
l'aurore.

2 juin. — Mon état s'est encore aggravé.
Qu'ai-je donc? Le bromure n'y fait rien; les
douches n'y font rien. Tantôt, pour fatiguer
mon corps, si las pourtant, j'allai faire un
tour dans la forêt de Roumare. Je crus d'abord
que l'air frais, léger et doux, plein d'odeur
d'herbes et de feuilles, me versait aux veines
un sang nouveau, au cœur une énergie nouvelle. Je pris une grande avenue de chasse,
puis je tournai vers la Bouille, par une allée
étroite, entre deux armées d'arbres démesuré-
ment hauts qui mettaient un toit vert, épais,
presque noir, entre le ciel et moi.

Un frisson me saisit soudain, non pas un
frisson de froid, mais un étrange frisson d'angoisse.

Je hâtai le pas, inquiet d'être seul dans ce
bois, apeuré sans raison, stupidement par la
profonde solitude. Tout à coup, il me sembla
que j'étais suivi, qu'on marchait sur mes talons, tout près, tout près, à me toucher.

Je me retournai brusquement. J'étais seul.
Je ne vis derrière moi que la droite et large
allée, vide, haute, redoutablement vide; et
de l'autre côté elle s'étendait aussi à perte de
vue, toute pareille, effrayante.

Je fermai les yeux. Pourquoi? Et je me mis

à tourner sur un talon, très vite, comme une toupie. Je faillis tomber; je rouvris les yeux; les arbres dansaient; la terre flottait; je dus m'asseoir. Puis, ah! je ne savais plus par où j'étais venu! Bizarre idée! Bizarre! Bizarre idée! Je ne savais plus du tout. Je partis par le côté qui se trouvait à ma droite, et je revins dans l'avenue qui m'avait amené au milieu de la forêt.

3 juin. — La nuit a été horrible. Je vais m'absenter pendant quelques semaines. Un petit voyage, sans doute, me remettra.

2 juillet. — Je rentre. Je suis guéri. J'ai fait d'ailleurs une excursion charmante. J'ai visité le mont Saint-Michel que je ne connaissais pas.

Quelle vision, quand on arrive, comme moi, à Avranches, vers la fin du jour! La ville est sur une colline; et on me conduisit dans le jardin public, au bout de la cité. Je poussai un cri d'étonnement. Une baie démesurée s'étendait devant moi, à perte de vue, entre deux côtes écartées se perdant au loin dans les brumes; et au milieu de cette immense baie jaune, sous un ciel d'or et de clarté, s'élevait sombre et pointu un mont étrange, au milieu des sables. Le soleil venait de disparaître, et sur l'horizon encore flamboyant se dessinait le profil de ce fantastique rocher

qui porte sur son sommet un fantastique mo-
nument.

Dès l'aurore, j'allai vers lui. La mer était
basse, comme la veille au soir, et je regardais
se dresser devant moi, à mesure que j'appro-
chais d'elle, la surprenante abbaye. Après plusieurs heures de marche, j'atteignis l'énorme
bloc de pierres qui porte la petite cité dominée par la grande église. Ayant gravi la
rue étroite et rapide, j'entrai dans la plus admirable demeure gothique construite pour
Dieu sur la terre, vaste comme une ville,
pleine de salles basses écrasées sous des voûtes
et de hautes galeries que soutiennent de frêles
colonnes. J'entrai dans ce gigantesque bijou
de granit, aussi léger qu'une dentelle, couvert de tours, de sveltes clochetons, où montent des escaliers tordus, et qui lancent dans
le ciel bleu des jours, dans le ciel noir des
nuits, leurs têtes bizarres hérissées de chi-
mères, de diables, de bêtes fantastiques, de
fleurs monstrueuses, et reliés l'un à l'autre
par de fines arches ouvragées.

Quand je fus sur le sommet, je dis au
moine qui m'accompagnait : « Mon père,
comme vous devez être bien ici ! »

Il répondit : « Il y a beaucoup de vent,
monsieur »; et nous nous mîmes à causer
en regardant monter la mer, qui courait

sur le sable et le couvrait d'une cuirasse
d'acier.

Et le moine me conta des histoires, toutes
les vieilles histoires de ce lieu, des légendes,
toujours des légendes.

Une d'elles me frappa beaucoup. Les gens
du pays, ceux du mont, prétendent qu'on
entend parler la nuit dans les sables, puis
qu'on entend bêler deux chèvres, l'une avec
une voix forte, l'autre avec une voix faible.
Les incrédules affirment que ce sont les cris
des oiseaux de mer, qui ressemblent tantôt à
des bêlements, et tantôt à des plaintes humaines; mais les pêcheurs attardés jurent
avoir rencontré, rôdant sur les dunes, entre
deux marées, autour de la petite ville jetée
ainsi loin du monde, un vieux berger, dont
on ne voit jamais la tête couverte de son manteau, et qui conduit, en marchant devant
eux, un bouc à figure d'homme et une chèvre
à figure de femme, tous deux avec de longs
cheveux blancs et parlant sans cesse, se querellant dans une langue inconnue, puis cessant soudain de crier pour bêler de toute leur
force.

Je dis au moine : « Y croyez-vous ? »

Il murmura : « Je ne sais pas. »

Je repris : « S'il existait sur la terre d'autres
êtres que nous, comment ne les connaîtrions-

nous point depuis longtemps; comment ne les auriez-vous pas vus, vous? comment ne les aurais-je pas vus, moi?»

Il répondit : «Est-ce que nous voyons la cent millième partie de ce qui existe? Tenez, voici le vent, qui est la plus grande force de la nature, qui renverse les hommes, abat les édifices, déracine les arbres, soulève la mer en montagnes d'eau, détruit les falaises, et jette aux brisants les grands navires, le vent qui tue, qui siffle, qui gémit, qui mugit, — l'avez-vous vu, et pouvez-vous le voir? Il existe, pourtant.»

Je me tus devant ce simple raisonnement. Cet homme était un sage ou peut-être un sot. Je ne l'aurais pu affirmer au juste; mais je me tus. Ce qu'il disait là, je l'avais pensé souvent.

3 juillet. — J'ai mal dormi; certes, il y a ici une influence fiévreuse, car mon cocher souffre du même mal que moi. En rentrant hier, j'avais remarqué sa pâleur singulière. Je lui demandai :

— Qu'est-ce que vous avez, Jean?

— J'ai que je ne peux plus me reposer, monsieur, ce sont mes nuits qui mangent mes jours. Depuis le départ de monsieur, cela me tient comme un sort.

Les autres domestiques vont bien cependant, mais j'ai grand' peur d'être repris, moi.

4 juillet. — Décidément, je suis repris. Mes cauchemars anciens reviennent. Cette nuit, j'ai senti quelqu'un accroupi sur moi, et qui, sa bouche sur la mienne, buvait ma vie entre mes lèvres. Oui, il la puisait dans ma gorge, comme aurait fait une sangsue. Puis il s'est levé, repu, et moi je me suis réveillé, tellement meurtri, brisé, anéanti, que je ne pouvais plus remuer. Si cela continue encore quelques jours, je repartirai certainement.

5 juillet. — Ai-je perdu la raison? Ce qui s'est passé, ce que j'ai vu la nuit dernière est tellement étrange, que ma tête s'égare quand j'y songe!

Comme je le fais maintenant chaque soir, j'avais fermé ma porte à clef; puis, ayant soif, je bus un demi-verre d'eau, et je remarquai par hasard que ma carafe était pleine jusqu'au bouchon de cristal.

Je me couchai ensuite et je tombai dans un de mes sommeils épouvantables, dont je fus tiré au bout de deux heures environ par une secousse plus affreuse encore.

Figurez-vous un homme qui dort, qu'on assassine, et qui se réveille avec un couteau dans le poumon, et qui râle, couvert de sang, et qui ne peut plus respirer, et qui va mourir, et qui ne comprend pas — voilà.

Ayant enfin reconquis ma raison, j'eus soif de nouveau; j'allumai une bougie et j'allai vers la table où était posée ma carafe. Je la soulevai en la penchant sur mon verre; rien ne coula. — Elle était vide! Elle était vide complètement! D'abord, je n'y compris rien; puis, tout à coup, je ressentis une émotion si terrible, que je dus m'asseoir, ou plutôt, que je tombai sur une chaise! puis, je me redressai d'un saut pour regarder autour de moi! puis je me rassis, éperdu d'étonnement et de peur, devant le cristal transparent! Je le contemplais avec des yeux fixes, cherchant à deviner. Mes mains tremblaient! On avait donc bu cette eau? Qui? Moi? moi, sans doute? Ce ne pouvait être que moi? Alors, j'étais somnambule, je vivais, sans le savoir, de cette double vie mystérieuse qui fait douter s'il y a deux êtres en nous, ou si un être étranger, inconnaissable et invisible, anime, par moments, quand notre âme est engourdie, notre corps captif qui obéit à cet autre, comme à nous-mêmes, plus qu'à nous-mêmes.

Ah! qui comprendra mon angoisse abominable? Qui comprendra l'émotion d'un homme, sain d'esprit, bien éveillé, plein de raison et qui regarde épouvanté, à travers le verre d'une carafe, un peu d'eau disparue pendant qu'il a dormi! Et je restai là jusqu'au jour, sans oser regagner mon lit.

6 juillet. — Je deviens fou. On a encore bu toute ma carafe cette nuit; — ou plutôt, je l'ai bue!

Mais, est-ce moi? Est-ce moi? Qui serait-ce? Qui? Oh! mon Dieu! Je deviens fou? Qui me sauvera?

10 juillet. — Je viens de faire des épreuves surprenantes.

Décidément, je suis fou! Et pourtant!

Le 6 juillet, avant de me coucher, j'ai placé sur ma table du vin, du lait, de l'eau, du pain et des fraises.

On a bu — j'ai bu — toute l'eau, et un peu de lait. On n'a touché ni au vin, ni au pain, ni aux fraises.

Le 7 juillet, j'ai renouvelé la même épreuve, qui a donné le même résultat.

Le 8 juillet, j'ai supprimé l'eau et le lait. On n'a touché à rien.

Le 9 juillet enfin, j'ai remis sur ma table l'eau et le lait seulement, en ayant soin d'envelopper les carafes en des linges de mousseline blanche et de ficeler les bouchons. Puis, j'ai frotté mes lèvres, ma barbe, mes mains avec de la mine de plomb, et je me suis couché.

L'invincible sommeil m'a saisi, suivi bientôt de l'atroce réveil. Je n'avais point remué; mes draps eux-mêmes ne portaient pas de taches. Je m'élançai vers ma table. Les linges enfermant les bouteilles étaient demeurés immaculés. Je déliai les cordons, en palpitant de crainte. On avait bu toute l'eau! on avait bu tout le lait! Ah! mon Dieu!...

Je vais partir tout à l'heure pour Paris.

12 juillet. — Paris. J'avais donc perdu la tête les jours derniers! J'ai dû être le jouet de mon imagination énervée, à moins que je ne sois vraiment somnambule, ou que j'aie subi une de ces influences constatées, mais inexplicables jusqu'ici, qu'on appelle suggestions. En tout cas, mon affolement touchait à la démence, et vingt-quatre heures de Paris ont suffi pour me remettre d'aplomb.

Hier, après des courses et des visites, qui m'ont fait passer dans l'âme de l'air nouveau et vivifiant, j'ai fini ma soirée au Théâtre-Français. On y jouait une pièce d'Alexandre Dumas fils; et cet esprit alerte et puissant a achevé de me guérir. Certes, la solitude est dangereuse pour les intelligences qui travaillent. Il nous faut, autour de nous, des hommes qui pensent et qui parlent. Quand nous sommes seuls longtemps, nous peuplons le vide de fantômes.

Je suis rentré à l'hôtel très gai, par les
boulevards. Au coudoiement de la foule, je
songeais, non sans ironie, à mes terreurs, à
mes suppositions de l'autre semaine, car j'ai
cru, oui, j'ai cru qu'un être invisible habitait
sous mon toit. Comme notre tête est faible et
s'effare, et s'égare vite, dès qu'un petit fait
incompréhensible nous frappe!

Au lieu de conclure par ces simples mots :
« Je ne comprends pas parce que la cause
m'échappe », nous imaginons aussitôt des
mystères effrayants et des puissances surnaturelles.

14 juillet. — Fête de la République. Je me
suis promené par les rues. Les pétards et les
drapeaux m'amusaient comme un enfant.
C'est pourtant fort bête d'être joyeux, à date
fixe, par décret du gouvernement. Le peuple
est un troupeau imbécile, tantôt stupidement
patient et tantôt férocement révolté. On lui
dit : « Amuse-toi. » Il s'amuse. On lui dit :
« Va te battre avec le voisin. » Il va se battre.
On lui dit : « Vote pour l'Empereur. » Il vote
pour l'Empereur. Puis, on lui dit : « Vote
pour la République. » Et il vote pour la République.

Ceux qui le dirigent sont aussi sots; mais
au lieu d'obéir à des hommes, ils obéissent à
des principes, lesquels ne peuvent être que

niais, stériles et faux, par cela même qu'ils sont des principes, c'est-à-dire des idées réputées certaines et immuables, en ce monde où l'on n'est sûr de rien, puisque la lumière est une illusion, puisque le bruit est une illusion.

16 juillet. — J'ai vu hier des choses qui m'ont beaucoup troublé.

Je dînais chez ma cousine, Mme Sablé, dont le mari commande le 76e chasseurs à Limoges. Je me trouvais chez elle avec deux jeunes femmes, dont l'une a épousé un médecin, le docteur Parent, qui s'occupe beaucoup des maladies nerveuses et des manifestations extraordinaires auxquelles donnent lieu en ce moment les expériences sur l'hypnotisme et la suggestion.

Il nous raconta longuement les résultats prodigieux obtenus par des savants anglais et par les médecins de l'école de Nancy.

Les faits qu'il avança me parurent tellement bizarres, que je me déclarai tout à fait incrédule.

«Nous sommes, affirmait-il, sur le point de découvrir un des plus importants secrets de la nature, je veux dire un de ses plus importants secrets sur cette terre; car elle en a certes d'autrement importants, là-bas, dans les étoiles. Depuis que l'homme pense, depuis qu'il sait dire et écrire sa pensée, il se sent frôlé par un mystère impénétrable pour ses sens grossiers et imparfaits, et il tâche de suppléer, par l'effort de son intelligence, à l'impuissance de ses organes. Quand cette intelligence demeurait encore à l'état rudimentaire, cette hantise des phénomènes invisibles a pris des formes banalement effrayantes. De là sont nées les croyances populaires au surnaturel, les légendes des esprits rôdeurs, des fées, des gnomes, des revenants, je dirai même la légende de Dieu, car nos conceptions de l'ouvrier-créateur, de quelque religion qu'elles nous viennent, sont bien les inventions les plus médiocres, les plus stupides, les plus inacceptables sorties du cerveau apeuré des créatures. Rien de plus vrai que cette parole de Voltaire : « Dieu a fait l'homme « à son image, mais l'homme le lui a bien « rendu. »

« Mais, depuis un peu plus d'un siècle, on semble pressentir quelque chose de nouveau. Mesmer et quelques autres nous ont mis sur une voie inattendue, et nous sommes arrivés vraiment, depuis quatre ou cinq ans surtout, à des résultats surprenants. »

Ma cousine, très incrédule aussi, souriait. Le docteur Parent lui dit : — Voulez-vous que j'essaie de vous endormir, madame ?

— Oui, je veux bien.

Elle s'assit dans un fauteuil et il commença à la regarder fixement en la fascinant. Moi, je me sentis soudain un peu troublé, le cœur battant, la gorge serrée. Je voyais les yeux de Mme Sablé s'alourdir, sa bouche se crisper, sa poitrine haleter.

Au bout de dix minutes, elle dormait.

— Mettez-vous derrière elle, dit le médecin.

Et je m'assis derrière elle. Il lui plaça entre les mains une carte de visite en lui disant : « Ceci est un miroir; que voyez-vous dedans? »

Elle répondit :

— Je vois mon cousin.

— Que fait-il?

— Il se tord la moustache.

— Et maintenant?

— Il tire de sa poche une photographie.

— Quelle est cette photographie?

— La sienne.

C'était vrai! Et cette photographie venait de m'être livrée, le soir même, à l'hôtel.

— Comment est-il sur ce portrait?

— Il se tient debout avec son chapeau à la main.

Donc elle voyait dans cette carte, dans ce carton blanc, comme elle eût vu dans une glace.

Les jeunes femmes, épouvantées, disaient :
« Assez ! Assez ! Assez ! »

Mais le docteur ordonna : « Vous vous lève-
rez demain à huit heures ; puis vous irez
trouver à son hôtel votre cousin, et vous le
supplierez de vous prêter cinq mille francs
que votre mari vous demande et qu'il vous
réclamera à son prochain voyage. »

Puis il la réveilla.

En rentrant à l'hôtel, je songeais à cette
curieuse séance et des doutes m'assaillirent
non point sur l'absolue, sur l'insoupçonnable
bonne foi de ma cousine, que je connaissais
comme une sœur, depuis l'enfance, mais sur
une supercherie possible du docteur. Ne dis-
simulait-il pas dans sa main une glace qu'il
montrait à la jeune femme endormie, en
même temps que sa carte de visite ? Les pres-
tidigitateurs de profession font des choses
autrement singulières.

Je rentrai donc et je me couchai.

Or, ce matin, vers huit heures et demie,
je fus réveillé par mon valet de chambre, qui
me dit :

— C'est Mme Sablé qui demande à parler
à monsieur tout de suite.

Je m'habillai à la hâte et je la reçus.

Elle s'assit fort troublée, les yeux baissés,
et, sans lever son voile, elle me dit :

— Mon cher cousin, j'ai un gros service à vous demander.

— Lequel, ma cousine?

— Cela me gêne beaucoup de vous le dire, et pourtant, il le faut. J'ai besoin, absolument besoin, de cinq mille francs.

— Allons donc, vous?

— Oui, moi, ou plutôt mon mari, qui me charge de les trouver.

J'étais tellement stupéfait, que je balbutiais mes réponses. Je me demandais si vraiment elle ne s'était pas moquée de moi avec le docteur Parent, si ce n'était pas là une simple farce préparée d'avance et fort bien jouée.

Mais, en la regardant avec attention, tous mes doutes se dissipèrent. Elle tremblait d'angoisse, tant cette démarche lui était douloureuse, et je compris qu'elle avait la gorge pleine de sanglots.

Je la savais fort riche et je repris :

— Comment! votre mari n'a pas cinq mille francs à sa disposition! Voyons, réfléchissez. Êtes-vous sûre qu'il vous a chargée de me les demander?

Elle hésita quelques secondes comme si elle eût fait un grand effort pour chercher dans son souvenir, puis elle répondit :

— Oui..., oui... j'en suis sûre.

— Il vous a écrit?

Elle hésita encore, réfléchissant. Je devinai le travail torturant de sa pensée. Elle ne savait pas. Elle savait seulement qu'elle devait m'emprunter cinq mille francs pour son mari. Donc elle osa mentir.

— Oui, il m'a écrit.

— Quand donc? Vous ne m'avez parlé de rien, hier.

— J'ai reçu sa lettre ce matin.

— Pouvez-vous me la montrer?

— Non... non... non... elle contenait des choses intimes... trop personnelles... je l'ai... je l'ai brûlée.

— Alors, c'est que votre mari fait des dettes.

Elle hésita encore, puis murmura :

— Je ne sais pas.

Je déclarai brusquement :

— C'est que je ne puis disposer de cinq mille francs en ce moment, ma chère cousine.

Elle poussa une sorte de cri de souffrance.

— Oh! oh! je vous en prie, je vous en prie, trouvez-les...

Elle s'exaltait, joignait les mains comme si elle m'eût prié! J'entendais sa voix changer de ton; elle pleurait et bégayait, harcelée, dominée par l'ordre irrésistible qu'elle avait reçu.

— Oh! oh! je vous en supplie... si vous

saviez comme je souffre... il me les faut aujourd'hui.

J'eus pitié d'elle.

— Vous les aurez tantôt, je vous le jure.
Elle s'écria :

— Oh! merci! merci! Que vous êtes bon.
Je repris :

— Vous rappelez-vous ce qui s'est passé hier soir chez vous?

— Oui.

— Vous rappelez-vous que le docteur Parent vous a endormie?

— Oui.

— Eh bien, il vous a ordonné de venir m'emprunter ce matin cinq mille francs, et vous obéissez en ce moment à cette suggestion.

Elle réfléchit quelques secondes et répondit :

— Puisque c'est mon mari qui les demande.

Pendant une heure, j'essayai de la convaincre, mais je n'y pus parvenir.

Quand elle fut partie, je courus chez le docteur. Il allait sortir; et il m'écouta en souriant. Puis il dit :

— Croyez-vous maintenant?

— Oui, il le faut bien.

— Allons chez votre parente.

Elle sommeillait déjà sur une chaise longue, accablée de fatigue. Le médecin lui prit le pouls, la regarda quelque temps, une main levée vers ses yeux qu'elle ferma peu à peu sous l'effort insoutenable de cette puissance magnétique.

Quand elle fut endormie :

— Votre mari n'a plus besoin de cinq mille francs! Vous allez donc oublier que vous avez prié votre cousin de vous les prêter, et, s'il vous parle de cela, vous ne comprendrez pas.

Puis il la réveilla. Je tirai de ma poche un portefeuille :

— Voici, ma chère cousine, ce que vous m'avez demandé ce matin.

Elle fut tellement surprise que je n'osai pas insister. J'essayai cependant de ranimer sa mémoire, mais elle nia avec force, crut que je me moquais d'elle, et faillit, à la fin, se fâcher.

. . . .

Voilà! je viens de rentrer; et je n'ai pu déjeuner, tant cette expérience m'a bouleversé.

19 juillet. — Beaucoup de personnes à qui j'ai raconté cette aventure se sont moquées de moi. Je ne sais plus que penser. Le sage dit : Peut-être?

21 juillet. — J'ai été dîner à Bougival, puis j'ai passé la soirée au bal des canotiers. Décidément, tout dépend des lieux et des milieux. Croire au surnaturel dans l'île de la Grenouil-lère, serait le comble de la folie... mais au sommet du mont Saint-Michel?... mais dans les Indes? Nous subissons effroyablement l'in-fluence de ce qui nous entoure. Je rentrerai chez moi la semaine prochaine.

30 juillet. — Je suis revenu dans ma maison depuis hier. Tout va bien.

2 août. — Rien de nouveau; il fait un temps superbe. Je passe mes journées à regar-der couler la Seine.

4 août. — Querelles parmi mes domes-tiques. Ils prétendent qu'on casse les verres, la nuit, dans les armoires. Le valet de cham-bre accuse la cuisinière, qui accuse la lingère, qui accuse les deux autres. Quel est le cou-pable? Bien fin qui le dirait?

6 août. — Cette fois, je ne suis pas fou. J'ai vu... j'ai vu... j'ai vu!... Je ne puis plus douter... j'ai vu!... J'ai encore froid jusque dans les ongles... j'ai encore peur jusque dans les moelles... j'ai vu!...

Je me promenais à deux heures, en plein soleil, dans mon parterre de rosiers... dans l'allée des rosiers d'automne qui commencent à fleurir.

Comme je m'arrêtais à regarder un *géant des batailles,* qui portait trois fleurs magnifiques, je vis, je vis distinctement, tout près de moi, la tige d'une de ces roses se plier, comme si une main invisible l'eût tordue, puis se casser comme si cette main l'eût cueillie! Puis la fleur s'éleva, suivant la courbe qu'aurait décrite un bras en la portant vers une bouche, et elle resta suspendue dans l'air transparent, toute seule, immobile, effrayante tache rouge à trois pas de mes yeux.

Éperdu, je me jetai sur elle pour la saisir! Je ne trouvai rien; elle avait disparu. Alors je fus pris d'une colère furieuse contre moi-même; car il n'est pas permis à un homme raisonnable et sérieux d'avoir de pareilles hallucinations.

Mais était-ce bien une hallucination? Je me retournai pour chercher la tige, et je la retrouvai immédiatement sur l'arbuste, fraîchement brisée, entre les deux autres roses demeurées à la branche.

Alors, je rentrai chez moi l'âme bouleversée; car je suis certain, maintenant, certain comme de l'alternance des jours et des nuits, qu'il existe près de moi un être invisible, qui se nourrit de lait et d'eau, qui peut toucher aux choses, les prendre et les changer de place, doué par conséquent d'une nature matérielle, bien qu'imperceptible pour nos sens, et qui habite comme moi, sous mon toit...

7 août. — J'ai dormi tranquille. Il a bu l'eau de ma carafe, mais n'a point troublé mon sommeil.

Je me demande si je suis fou. En me promenant, tantôt au grand soleil, le long de la rivière, des doutes me sont venus sur ma raison, non point des doutes vagues comme j'en avais jusqu'ici, mais des doutes précis, absolus. J'ai vu des fous; j'en ai connu qui restaient intelligents, lucides, clairvoyants même sur toutes les choses de la vie, sauf sur un point. Ils parlaient de tout avec clarté, avec souplesse, avec profondeur, et soudain leur pensée touchant l'écueil de leur folie, s'y déchirait en pièces, s'éparpillait et sombrait dans cet océan effrayant et furieux, plein de vagues bondissantes, de brouillards, de bourrasques, qu'on nomme « la démence ».

Certes, je me croirais fou, absolument fou, si je n'étais conscient, si je ne connaissais parfaitement mon état, si je ne le sondais en l'analysant avec une complète lucidité. Je ne serais donc, en somme, qu'un halluciné raisonnant. Un trouble inconnu se serait produit dans mon cerveau, un de ces troubles qu'essayent de noter et de préciser aujourd'hui les physiologistes; et ce trouble aurait déterminé dans mon esprit, dans l'ordre et la logique de mes idées, une crevasse profonde.

Des phénomènes semblables ont lieu dans le rêve qui nous promène à travers les fantasmagories les plus invraisemblables, sans que nous en soyons surpris, parce que l'appareil vérificateur, parce que le sens du contrôle est endormi; tandis que la faculté imaginative veille et travaille. Ne se peut-il pas qu'une des imperceptibles touches du clavier cérébral se trouve paralysée chez moi? Des hommes, à la suite d'accidents, perdent la mémoire des noms propres ou des verbes ou des chiffres, ou seulement des dates. Les localisations de toutes les parcelles de la pensée sont aujourd'hui prouvées. Or, quoi d'étonnant à ce que ma faculté de contrôler l'irréalité de certaines hallucinations, se trouve engourdie chez moi en ce moment!

Je songeais à tout cela en suivant le bord de l'eau. Le soleil couvrait de clarté la rivière, faisait la terre délicieuse, emplissait mon regard d'amour pour la vie, pour les hirondelles, dont l'agilité est une joie de mes yeux, pour les herbes de la rive, dont le frémissement est un bonheur de mes oreilles.

Peu à peu, cependant, un malaise inexplicable me pénétrait. Une force, me semblait-il, une force occulte m'engourdissait, m'arrêtait, m'empêchait d'aller plus loin, me rappelait en arrière. J'éprouvais ce besoin douloureux de rentrer qui vous oppresse, quand on a laissé au logis un malade aimé, et que le pressentiment vous saisit d'une aggravation de son mal.

Donc, je revins malgré moi, sûr que j'allais trouver, dans ma maison, une mauvaise nouvelle, une lettre ou une dépêche. Il n'y avait rien; et je demeurai plus surpris et plus inquiet que si j'avais eu de nouveau quelque vision fantastique.

8 août. — J'ai passé hier une affreuse soirée. Il ne se manifeste plus, mais je le sens près de moi, m'épiant, me regardant, me pénétrant, me dominant et plus redoutable, en se cachant ainsi, que s'il signalait par des phénomènes surnaturels sa présence invisible et constante.

J'ai dormi, pourtant.

9 août. — Rien, mais j'ai peur.

10 août. — Rien; qu'arrivera-t-il demain?

11 août. — Toujours rien; je ne puis plus rester chez moi avec cette crainte et cette pensée entrées en mon âme; je vais partir.

12 août, 10 heures du soir. — Tout le jour j'ai voulu m'en aller; je n'ai pas pu. J'ai voulu accomplir cet acte de liberté si facile, si simple, — sortir — monter dans ma voiture pour gagner Rouen — je n'ai pas pu. Pourquoi?

13 août. — Quand on est atteint par certaines maladies, tous les ressorts de l'être physique semblent brisés, toutes les énergies anéanties, tous les muscles relâchés, les os devenus mous comme la chair et la chair liquide comme de l'eau. J'éprouve cela dans mon être moral d'une façon étrange et désolante. Je n'ai plus aucune force, aucun courage, aucune domination sur moi, aucun pouvoir même de mettre en mouvement ma volonté. Je ne peux plus vouloir; mais quelqu'un veut pour moi; et j'obéis.

14 août. — Je suis perdu! Quelqu'un possède mon âme et la gouverne! quelqu'un ordonne tous mes actes, tous mes mouvements, toutes mes pensées. Je ne suis plus rien en moi, rien qu'un spectateur esclave et terrifié de toutes les choses que j'accomplis. Je désire sortir. Je ne peux pas. Il ne veut pas; et je reste, éperdu, tremblant, dans le fauteuil où il me tient assis. Je désire seulement me lever, me soulever, afin de me croire encore maître de moi. Je ne peux pas! Je suis rivé à mon siège; et mon siège adhère au sol, de telle sorte qu'aucune force ne nous soulèverait.

Puis, tout d'un coup, il faut, il faut, il faut que j'aille au fond de mon jardin cueillir des fraises et les manger. Et j'y vais. Je cueille

des fraises et je les mange! Oh! mon Dieu!
Mon Dieu! Mon Dieu! Est-il un Dieu? S'il
en est un, délivrez-moi, sauvez-moi! secourez-
moi! Pardon! Pitié! Grâce! Sauvez-moi!
Oh! quelle souffrance! quelle torture! quelle
horreur!

15 août. — Certes, voilà comment était
possédée et dominée ma pauvre cousine,
quand elle est venue m'emprunter cinq mille
francs. Elle subissait un vouloir étranger entré
en elle, comme une autre âme, comme une
autre âme parasite et dominatrice. Est-ce que
le monde va finir?

Mais celui qui me gouverne, quel est-il,
cet invisible? cet inconnaissable, ce rôdeur
d'une race surnaturelle?

Donc les Invisibles existent! Alors, comment depuis l'origine du monde ne se sont-
ils pas encore manifestés d'une façon précise
comme ils le font pour moi? Je n'ai jamais
rien lu qui ressemble à ce qui s'est passé
dans ma demeure. Oh! si je pouvais la
quitter, si je pouvais m'en aller, fuir et ne pas
revenir. Je serais sauvé, mais je ne peux pas.

16 août. — J'ai pu m'échapper aujourd'hui
pendant deux heures, comme un prisonnier
qui trouve ouverte, par hasard, la porte de
son cachot. J'ai senti que j'étais libre tout à
coup et qu'il était loin. J'ai ordonné d'atteler

bien vite et j'ai gagné Rouen. Oh! quelle
joie de pouvoir dire à un homme qui obéit :
« Allez à Rouen ! »

Je me suis fait arrêter devant la bibliothèque et j'ai prié qu'on me prêtât le grand
traité du docteur Hermann Herestauss sur
les habitants inconnus du monde antique et
moderne.

Puis, au moment de remonter dans mon
coupé, j'ai voulu dire : « A la gare ! » et j'ai
crié, — je n'ai pas dit, j'ai crié — d'une
voix si forte que les passants se sont retournés :
« A la maison », et je suis tombé, affolé d'angoisse, sur le coussin de ma voiture. Il m'avait
retrouvé et repris.

17 août. — Ah ! Quelle nuit ! quelle nuit !
Et pourtant il me semble que je devrais me
réjouir. Jusqu'à une heure du matin, j'ai lu !
Hermann Herestauss, docteur en philosophie
et en théogonie, a écrit l'histoire et les manifestations de tous les êtres invisibles rôdant
autour de l'homme ou rêvés par lui. Il décrit
leurs origines, leur domaine, leur puissance.
Mais aucun d'eux ne ressemble à celui qui
me hante. On dirait que l'homme, depuis
qu'il pense, a pressenti et redouté un être
nouveau, plus fort que lui, son successeur en
ce monde, et que, le sentant proche et ne
pouvant prévoir la nature de ce maître, il a

créé, dans sa terreur, tout le peuple fantastique des êtres occultes, fantômes vagues nés
de la peur.

Donc, ayant lu jusqu'à une heure du
matin, j'ai été m'asseoir ensuite auprès de ma
fenêtre ouverte pour rafraîchir mon front et
ma pensée au vent calme de l'obscurité.

Il faisait bon, il faisait tiède! Comme
j'aurais aimé cette nuit-là autrefois!

Pas de lune. Les étoiles avaient au fond du
ciel noir des scintillements frémissants. Qui
habite ces mondes? Quelles formes, quels
vivants, quels animaux, quelles plantes sont
là-bas? Ceux qui pensent dans ces univers
lointains, que savent-ils plus que nous? Que
peuvent-ils plus que nous? Que voient-ils
que nous ne connaissons point? Un d'eux,
un jour ou l'autre, traversant l'espace, n'ap-
paraîtra-t-il pas sur notre terre pour la con-
quérir, comme les Normands jadis traver-
saient la mer pour asservir des peuples plus
faibles.

Nous sommes si infirmes, si désarmés, si
ignorants, si petits, nous autres, sur ce grain
de boue qui tourne délayé dans une goutte
d'eau.

Je m'assoupis en rêvant ainsi au vent frais
du soir.

Or, ayant dormi environ quarante mi-

nutes, je rouvris les yeux sans faire un mouvement, réveillé par je ne sais quelle émotion
confuse et bizarre. Je ne vis rien d'abord,
puis, tout à coup, il me sembla qu'une page
du livre resté ouvert sur ma table venait de
tourner toute seule. Aucun souffle d'air n'était
entré par ma fenêtre. Je fus surpris et j'attendis. Au bout de quatre minutes environ,
je vis, je vis, oui, je vis de mes yeux une
autre page se soulever et se rabattre sur la
précédente, comme si un doigt l'eût feuilletée. Mon fauteuil était vide, semblait vide;
mais je compris qu'il était là, lui, assis à ma
place, et qu'il lisait. D'un bond furieux, d'un
bond de bête révoltée, qui va éventrer son
dompteur, je traversai ma chambre pour le
saisir, pour l'étreindre, pour le tuer!... Mais
mon siège, avant que je l'eusse atteint, se
renversa comme si on eût fui devant moi...
ma table oscilla, ma lampe tomba et s'éteignit, et ma fenêtre se ferma comme si un
malfaiteur surpris se fût élancé dans la nuit,
en prenant à pleines mains les battants.

Donc, il s'était sauvé; il avait eu peur,
peur de moi, lui!

Alors,... alors... demain... ou après,...
ou un jour quelconque,... je pourrai donc
le tenir sous mes poings, et l'écraser contre
le sol! Est-ce que les chiens, quelquefois, ne

mordent point et n'étranglent pas leurs maîtres ?

18 août. — J'ai songé toute la journée. Oh ! oui, je vais lui obéir, suivre ses impulsions, accomplir toutes ses volontés, me faire humble, soumis, lâche. Il est le plus fort. Mais une heure viendra...

19 août. — Je sais... je sais... je sais tout ! Je viens de lire ceci dans la *Revue du Monde Scientifique* : «Une nouvelle assez curieuse nous arrive de Rio de Janeiro. Une folie, une épidémie de folie, comparable aux démences contagieuses qui atteignirent les peuples d'Europe au moyen âge, sévit en ce moment dans la province de San-Paulo. Les habitants éperdus quittent leurs maisons, désertent leurs villages, abandonnent leurs cultures, se disant poursuivis, possédés, gouvernés comme un bétail humain par des êtres invisibles bien que tangibles, des sortes de vampires qui se nourrissent de leur vie, pendant leur sommeil, et qui boivent en outre de l'eau et du lait sans paraître toucher à aucun autre aliment.

«M. le professeur Don Pedro Henriquez, accompagné de plusieurs savants médecins, est parti pour la province de San-Paulo, afin d'étudier sur place les origines et les manifestations de cette surprenante folie, et de

proposer à l'Empereur les mesures qui lui
paraîtront les plus propres à rappeler à la
raison ces populations en délire. »

Ah! Ah! je me rappelle, je me rappelle le
beau trois-mâts brésilien qui passa sous mes
fenêtres en remontant la Seine, le 8 mai
dernier! Je le trouvai si joli, si blanc, si gai!
L'Être était dessus, venant de là-bas, où sa
race est née! Et il m'a vu! Il a vu ma demeure
blanche aussi; et il a sauté du navire sur la
rive. Oh! mon Dieu!

A présent, je sais, je devine. Le règne de
l'homme est fini.

Il est venu, Celui que redoutaient les pre-
mières terreurs des peuples naïfs, Celui
qu'exorcisaient les prêtres inquiets, que les
sorciers évoquaient par les nuits sombres, sans
le voir apparaître encore, à qui les pressenti-
ments des maîtres passagers du monde prê-
tèrent toutes les formes monstrueuses ou gra-
cieuses des gnomes, des esprits, des génies,
des fées, des farfadets. Après les grossières
conceptions de l'épouvante primitive, des
hommes plus perspicaces l'ont pressenti plus
clairement. Mesmer l'avait deviné, et les médecins, depuis dix ans déjà, ont découvert,
d'une façon précise, la nature de sa puissance
avant qu'il l'eût exercée lui-même. Ils ont
joué avec cette arme du Seigneur nouveau, la

domination d'un mystérieux vouloir sur l'âme humaine devenue esclave. Ils ont appelé cela magnétisme, hypnotisme, suggestion... que sais-je? Je les ai vus s'amuser comme des enfants imprudents avec cette horrible puissance! Malheur à nous! Malheur à l'homme! Il est venu, le... le... comment se nomme-t-il... le... il me semble qu'il me crie son nom, et je ne l'entends pas... le... oui... il le crie... J'écoute... je ne peux pas... répète... le... Horla... J'ai entendu... le Horla... c'est lui... le Horla... il est venu!...

Ah! le vautour a mangé la colombe, le loup a mangé le mouton; le lion a dévoré le buffle aux cornes aiguës; l'homme a tué le lion avec la flèche, avec le glaive, avec la poudre; mais le Horla va faire de l'homme ce que nous avons fait du cheval et du bœuf : sa chose, son serviteur et sa nourriture, par la seule puissance de sa volonté. Malheur à nous!

Pourtant, l'animal, quelquefois, se révolte et tue celui qui l'a dompté... moi aussi je veux... je pourrai... mais il faut le connaître, le toucher, le voir! Les savants disent que l'œil de la bête, différent du nôtre, ne distingue point comme le nôtre... Et mon œil à moi ne peut distinguer le nouveau venu qui m'opprime.

Pourquoi? Oh! je me rappelle à présent les paroles du moine du mont Saint-Michel : « Est-ce que nous voyons la cent millième partie de ce qui existe? Tenez, voici le vent qui est la plus grande force de la nature, qui renverse les hommes, abat les édifices, déracine les arbres, soulève la mer en montagnes d'eau, détruit les falaises et jette aux brisants les grands navires, le vent qui tue, qui siffle, qui gémit, qui mugit, l'avez-vous vu et pouvez-vous le voir? Il existe pourtant! »

Et je songeais encore : mon œil est si faible, si imparfait, qu'il ne distingue même point les corps durs, s'ils sont transparents comme le verre!... Qu'une glace sans tain barre mon chemin, il me jette dessus comme l'oiseau entré dans une chambre se casse la tête aux vitres. Mille choses en outre le trompent et l'égarent? Quoi d'étonnant, alors, à ce qu'il ne sache point apercevoir un corps nouveau que la lumière traverse.

Un être nouveau! pourquoi pas? Il devait venir assurément! pourquoi serions-nous les derniers? Nous ne le distinguons point, ainsi que tous les autres créés avant nous? C'est que sa nature est plus parfaite, son corps plus fin et plus fini que le nôtre, que le nôtre si faible, si maladroitement conçu, encombré d'organes toujours fatigués, toujours forcés comme des ressorts trop complexes, que le nôtre, qui vit comme une plante et comme une bête, en se nourrissant péniblement d'air, d'herbe et de viande, machine animale en proie aux maladies, aux déformations, aux putréfactions, poussive, mal réglée, naïve et bizarre, ingénieusement mal faite, œuvre grossière et délicate, ébauche d'être qui pourrait devenir intelligent et superbe.

Nous sommes quelques-uns, si peu sur ce monde, depuis l'huître jusqu'à l'homme. Pourquoi pas un de plus, une fois accomplie la période qui sépare les apparitions successives de toutes les espèces diverses?

Pourquoi pas un de plus? Pourquoi pas aussi d'autres arbres aux fleurs immenses, éclatantes et parfumant des régions entières? Pourquoi pas d'autres éléments que le feu, l'air, la terre et l'eau? — Ils sont quatre, rien que quatre, ces pères nourriciers des êtres! Quelle pitié! Pourquoi ne sont-ils pas quarante, quatre cents, quatre mille! Comme tout est pauvre, mesquin, misérable! avarement donné, sèchement inventé, lourdement fait! Ah! l'éléphant, l'hippopotame, que de grâce! Le chameau que d'élégance!

Mais, direz-vous, le papillon! une fleur qui vole! J'en rêve un qui serait grand comme cent univers, avec des ailes dont je ne puis même exprimer la forme, la beauté, la couleur et le mouvement. Mais je le vois... il va d'étoile en étoile, les rafraîchissant et les embaumant au souffle harmonieux et léger de sa course!... Et les peuples de là-haut le regardent passer, extasiés et ravis!...

....

Qu'ai-je donc? C'est lui, lui, le Horla, qui me hante, qui me fait penser ces folies! Il est en moi, il devient mon âme; je le tuerai!

19 août. — Je le tuerai. Je l'ai vu! je me suis assis, hier soir, à ma table; et je fis semblant d'écrire avec une grande attention. Je savais bien qu'il viendrait rôder autour de moi, tout près, si près que je pourrais peut-être le toucher, le saisir? Et alors!... alors, j'aurais la force des désespérés; j'aurais mes mains, mes genoux, ma poitrine, mon front, mes dents pour l'étrangler, l'écraser, le mordre, le déchirer.

Et je le guettais avec tous mes organes surexcités.

J'avais allumé mes deux lampes et les huit bougies de ma cheminée, comme si j'eusse pu, dans cette clarté, le découvrir.

En face de moi, mon lit, un vieux lit de chêne à colonnes; à droite, ma cheminée; à gauche, ma porte fermée avec soin, après l'avoir laissée longtemps ouverte, afin de l'attirer; derrière moi, une très haute armoire à glace, qui me servait chaque jour, pour me raser, pour m'habiller, et où j'avais coutume de me regarder, de la tête aux pieds, chaque fois que je passais devant.

Donc, je faisais semblant d'écrire, pour le tromper, car il m'épiait lui aussi; et soudain, je sentis, je fus certain qu'il lisait par-dessus mon épaule, qu'il était là, frôlant mon oreille.

Je me dressai, les mains tendues, en me tournant si vite que je faillis tomber. Eh bien?... on y voyait comme en plein jour, et je ne me vis pas dans ma glace!... Elle était vide, claire, profonde, pleine de lumière! Mon image n'était pas dedans... et j'étais en face, moi! Je voyais le grand verre limpide du haut en bas. Et je regardais cela avec des yeux affolés; et je n'osais plus avancer, je n'osais plus faire un mouvement, sentant bien pourtant qu'il était là, mais qu'il m'échapperait encore, lui dont le corps imperceptible avait dévoré mon reflet.

Comme j'eus peur! Puis voilà que tout à coup je commençai à m'apercevoir dans une brume, au fond du miroir, dans une brume comme à travers une nappe d'eau; et il me semblait que cette eau glissait de gauche à droite, lentement, rendant plus précise mon image, de seconde en seconde. C'était comme la fin d'une éclipse. Ce qui me cachait ne paraissait point posséder de contours nettement arrêtés, mais une sorte de transparence opaque, s'éclaircissant peu à peu.

Je pus enfin me distinguer complètement, ainsi que je le fais chaque jour en me regardant.

Je l'avais vu! L'épouvante m'en est restée, qui me fait encore frissonner.

20 août. — Le tuer, comment? puisque je ne peux l'atteindre? Le poison? mais il me verrait le mêler à l'eau; et nos poisons, d'ailleurs, auraient-ils un effet sur son corps imperceptible? Non... non... sans aucun doute... Alors?... alors?...

21 août. — J'ai fait venir un serrurier de Rouen, et lui ai commandé pour ma chambre des persiennes en fer, comme en ont, à Paris, certains hôtels particuliers, au rez-de-chaussée, par crainte des voleurs. Il me fera, en outre, une porte pareille. Je me suis donné pour un poltron, mais je m'en moque!...

. . . .

10 septembre. — Rouen, hôtel continental. C'est fait... c'est fait... mais est-il mort? J'ai l'âme bouleversée de ce que j'ai vu.

Hier donc, le serrurier ayant posé ma persienne et ma porte de fer, j'ai laissé tout

ouvert jusqu'à minuit, bien qu'il commençât
à faire froid.

Tout à coup, j'ai senti qu'il était là, et une
joie, une joie folle m'a saisi. Je me suis levé
lentement, et j'ai marché à droite, à gauche,
longtemps, pour qu'il ne devinât rien; puis
j'ai ôté mes bottines et mis mes savates avec
négligence; puis j'ai fermé ma persienne de
fer, et revenant à pas tranquilles vers la
porte, j'ai fermé la porte aussi à double tour.
Retournant alors vers la fenêtre, je la fixai
par un cadenas, dont je mis la clef dans ma
poche.

Tout à coup, je compris qu'il s'agitait
autour de moi, qu'il avait peur à son tour,
qu'il m'ordonnait de lui ouvrir. Je faillis
céder; je ne cédai pas, mais m'adossant à la
porte, je l'entre-bâillai, tout juste assez pour
passer, moi, à reculons; et comme je suis très
grand ma tête touchait au linteau. J'étais sûr
qu'il n'avait pu s'échapper et je l'enfermai,
tout seul, tout seul! Quelle joie! Je le tenais!
Alors, je descendis, en courant; je pris dans
mon salon, sous ma chambre, mes deux
lampes et je renversai toute l'huile sur le tapis,
sur les meubles, partout; puis j'y mis le feu,
et je me sauvai, après avoir bien refermé, à
double tour, la grande porte d'entrée.

Et j'allai me cacher au fond de mon jardin,

dans un massif de lauriers. Comme ce fut long! comme ce fut long! Tout était noir, muet, immobile; pas un souffle d'air, pas une étoile, des montagnes de nuages qu'on ne voyait point, mais qui pesaient sur mon âme si lourds, si lourds.

Je regardais ma maison, et j'attendais. Comme ce fut long! Je croyais déjà que le feu s'était éteint tout seul, ou qu'il l'avait éteint, Lui, quand une des fenêtres d'en bas creva sous la poussée de l'incendie, et une flamme, une grande flamme rouge et jaune, longue, molle, caressante, monta le long du mur blanc et le baisa jusqu'au toit. Une lueur courut dans les arbres, dans les branches, dans les feuilles, et un frisson, un frisson de peur aussi! Les oiseaux se réveillaient; un chien se mit à hurler; il me sembla que le jour se levait! Deux autres fenêtres éclatèrent aussitôt, et je vis que tout le bas de ma demeure n'était plus qu'un effrayant brasier. Mais un cri, un cri horrible, suraigu, déchirant, un cri de femme passa dans la nuit, et deux mansardes s'ouvrirent! J'avais oublié mes domestiques! Je vis leurs faces affolées, et leurs bras qui s'agitaient!...

Alors, éperdu d'horreur, je me mis à courir vers le village en hurlant : «Au secours! au secours! au feu! au feu!» Je rencontrai des

gens qui s'en venaient déjà et je retournai
avec eux, pour voir !

La maison, maintenant, n'était plus qu'un
bûcher horrible et magnifique, un bûcher
monstrueux, éclairant toute la terre, un bûcher où brûlaient des hommes, et où il brûlait
aussi, Lui, Lui, mon prisonnier, l'Être nouveau, le nouveau maître, le Horla !

Soudain le toit tout entier s'engloutit entre
les murs, et un volcan de flammes jaillit
jusqu'au ciel. Par toutes les fenêtres ouvertes
sur la fournaise, je voyais la cuve de feu,
et je pensais qu'il était là, dans ce four,
mort...

— Mort? Peut-être?... Son corps? son
corps que le jour traversait n'était-il pas
indestructible par les moyens qui tuent les
nôtres?

S'il n'était pas mort?... seul peut-être le
temps a prise sur l'Être Invisible et Redoutable. Pourquoi ce corps transparent, ce corps
inconnaissable, ce corps d'Esprit, s'il devait
craindre, lui aussi, les maux, les blessures,
les infirmités, la destruction prématurée?

La destruction prématurée? toute l'épouvante humaine vient d'elle! Après l'homme,
le Horla. — Après celui qui peut mourir
tous les jours, à toutes les heures, à toutes les
minutes, par tous les accidents, est venu celui

qui ne doit mourir qu'à son jour, à son heure, à sa minute, parce qu'il a touché la limite de son existence!

Non... non... sans aucun doute, sans aucun doute... il n'est pas mort... Alors... alors... il va donc falloir que je me tue, moi!...

....

Nous prions le lecteur de bien vouloir se reporter à l'Appendice, où il trouvera la version première du Horla.

NOTE.

Le manuscrit du *Horla* comprend 35 pages grand in-8°. Il est écrit presque sans rature et d'une main très assurée. Il ne faut pas oublier que la première version ayant paru dans *le Gil-Blas* (voir Appendice), Maupassant possédait un sujet qu'il n'eut qu'à développer.

La publication de ce volume causa une surprise très vive parmi les nombreux lecteurs de Maupassant, habitués à des sujets moins obscurs. *Le Horla* donna lieu aux commentaires les plus divers. Quelques jours après sa publication, Maupassant, de passage à Rouen, racontait en riant à son ami Pinchon, l'émotion que produisait sa nouvelle.

Notons que dans le cours des années 1885, 1886, 1887, parurent plus de soixante ouvrages sur la névrose, l'obsession, l'hypnotisme et la suggestion.

———

VARIANTES
D'APRÈS LE MANUSCRIT ORIGINAL.

Page 4, ligne 27. 12 mai.

Page 5, ligne 15. choses, si *changeantes,* qui...

Page 9, ligne 25. droite et *longue* allée...

Page 11, ligne 10. j'entrai, *éperdu de surprise dans ce prodigieux palais gothique,* la plus admirable...

Page 11, ligne 29. courait *en rampant,* sur...

Page 12, ligne 21. femme *parlant et se querellant dans une langue inconnue et parfois aussi cessant* de crier...

Page 14, ligne 8. gorge, *comme un enfant qui tète un sein.* Puis...

Page 19, ligne 5. illusion, *puisque la couleur est une illusion,* puisque...

Page 30, ligne 15. contrôler *la réalité se trouve un peu malade en ce moment comme notre faculté de contrôler la vraisemblance désordonnée du songe se trouve engourdie à l'état de sommeil.* Je songeais...

Page 31, ligne 25. pu. *J'ai voulu dire à mon valet de chambre de faire mes malles, je n'ai pas pu.* J'ai voulu...

Page 33, ligne 16. race *étrangère.*

Page 46, ligne 19. levait! *le jour de ma délivrance, l'aurore de ma liberté.* Deux autres...

AMOUR

AMOUR.

TROIS PAGES DU *LIVRE D'UN CHASSEUR*.

JE viens de lire dans un fait divers de journal un drame de passion. Il l'a tuée, puis
il s'est tué, donc il l'aimait. Qu'importent
Il et Elle? Leur amour seul m'importe; et il
ne m'intéresse point parce qu'il m'attendrit ou
parce qu'il m'étonne, ou parce qu'il m'émeut
ou parce qu'il me fait songer, mais parce qu'il
me rappelle un souvenir de ma jeunesse, un
étrange souvenir de chasse où m'est apparu
l'Amour comme apparaissaient aux premiers
chrétiens des croix au milieu du ciel.

Je suis né avec tous les instincts et les sens
de l'homme primitif, tempérés par des rai-
sonnements et des émotions de civilisé. J'aime
la chasse avec passion; et la bête saignante,

le sang sur les plumes, le sang sur mes mains,
me crispent le cœur à le faire défaillir.

Cette année-là, vers la fin de l'automne,
les froids arrivèrent brusquement, et je fus
appelé par un de mes cousins, Karl de Rau-
ville, pour venir avec lui tuer des canards
dans les marais, au lever du jour.

Mon cousin, gaillard de quarante ans, roux,
très fort et très barbu, gentilhomme de campagne, demi-brute aimable, d'un caractère
gai, doué de cet esprit gaulois qui rend agré-
able la médiocrité, habitait une sorte de ferme-
château dans une vallée large où coulait une
rivière. Des bois couvraient les collines de
droite et de gauche, vieux bois seigneuriaux
où restaient des arbres magnifiques et où l'on
trouvait les plus rares gibiers à plume de toute
cette partie de la France. On y tuait des aigles
quelquefois; et les oiseaux de passage, ceux
qui presque jamais ne viennent en nos pays
trop peuplés, s'arrêtaient presque infailliblement dans ces branchages séculaires comme
s'ils eussent connu ou reconnu un petit coin
de forêt des anciens temps demeuré là pour
leur servir d'abri en leur courte étape noc-
turne.

Dans la vallée, c'étaient de grands herbages
arrosés par des rigoles et séparés par des haies;
puis, plus loin, la rivière, canalisée jusque-là,

s'épandait en un vaste marais. Ce marais, la plus admirable région de chasse que j'aie jamais vue, était tout le souci de mon cousin qui l'entretenait comme un parc. A travers l'immense peuple de roseaux qui le couvrait, le faisait vivant, bruissant, houleux, on avait tracé d'étroites avenues où les barques plates, conduites et dirigées avec des perches, passaient, muettes, sur l'eau morte, frôlaient les joncs, faisaient fuir les poissons rapides à travers les herbes et plonger les poules sauvages dont la tête noire et pointue disparaissait brusquement.

J'aime l'eau d'une passion désordonnée : la mer, bien que trop grande, trop remuante, impossible à posséder, les rivières si jolies, mais qui passent, qui fuient, qui s'en vont, et les marais surtout où palpite toute l'existence inconnue des bêtes aquatiques. Le marais, c'est un monde entier sur la terre, monde différent, qui a sa vie propre, ses habitants sédentaires, et ses voyageurs de passage, ses voix, ses bruits et son mystère surtout. Rien n'est plus troublant, plus inquiétant, plus effrayant, parfois, qu'un marécage. Pourquoi cette peur qui plane sur ces plaines basses couvertes d'eau? Sont-ce les vagues rumeurs des roseaux, les étranges feux follets, le silence profond qui les enveloppe dans les nuits calmes, ou bien les brumes bizarres, qui traînent sur les joncs comme des robes de mortes, ou bien encore l'imperceptible clapotement, si léger, si doux, et plus terrifiant parfois que le canon des hommes ou que le tonnerre du ciel, qui fait ressembler les marais à des pays de rêve, à des pays redoutables cachant un secret inconnaissable et dangereux.

Non. Autre chose s'en dégage, un autre mystère, plus profond, plus grave, flotte dans les brouillards épais, le mystère même de la création peut-être! Car n'est-ce pas dans l'eau stagnante et fangeuse, dans la lourde humidité des terres mouillées sous la chaleur du soleil, que remua, que vibra, que s'ouvrit au jour le premier germe de vie?

J'arrivai le soir chez mon cousin. Il gelait à fendre les pierres.

Pendant le dîner, dans la grande salle dont les buffets, les murs, le plafond étaient couverts d'oiseaux empaillés, aux ailes étendues, ou perchés sur des branches accrochées par des clous, éperviers, hérons, hiboux, engoulevents, buses, tiercelets, vautours, faucons, mon cousin pareil lui-même à un étrange animal des pays froids, vêtu d'une jaquette en peau de phoque, me racontait les dispositions qu'il avait prises pour cette nuit même.

Nous devions partir à trois heures et demie du matin, afin d'arriver vers quatre heures et demie au point choisi pour notre affût. On avait construit à cet endroit une hutte avec des morceaux de glace pour nous abriter un peu contre le vent terrible qui précède le jour, ce vent chargé de froid qui déchire la chair comme des scies, la coupe comme des lames, la pique comme des aiguillons empoisonnés, la tord comme des tenailles, et la brûle comme du feu.

Mon cousin se frottait les mains : « Je n'ai jamais vu une gelée pareille, disait-il, nous avions déjà douze degrés sous zéro à six heures du soir. »

J'allai me jeter sur mon lit aussitôt après le repas, et je m'endormis à la lueur d'une grande flamme flambant dans ma cheminée.

A trois heures sonnantes on me réveilla. J'endossai, à mon tour, une peau de mouton et je trouvai mon cousin Karl couvert d'une fourrure d'ours. Après avoir avalé chacun deux tasses de café brûlant suivies de deux verres de fine champagne, nous partîmes accompagnés d'un garde et de nos chiens : Plongeon et Pierrot.

Dès les premiers pas dehors, je me sentis glacé jusqu'aux os. C'était une de ces nuits où la terre semble morte de froid. L'air gelé devient résistant, palpable tant il fait mal; aucun souffle ne l'agite; il est figé, immobile; il mord, traverse, dessèche, tue les arbres, les plantes, les insectes, les petits oiseaux eux-mêmes qui tombent des branches sur le sol dur, et deviennent durs aussi, comme lui, sous l'étreinte du froid.

La lune, à son dernier quartier, toute penchée sur le côté, toute pâle, paraissait défaillante au milieu de l'espace, et si faible qu'elle ne pouvait plus s'en aller, qu'elle restait là-haut, saisie aussi, paralysée par la rigueur du ciel. Elle répandait une lumière sèche et triste sur le monde, cette lueur mourante et blafarde qu'elle nous jette chaque mois, à la fin de sa résurrection.

Nous allions, côte à côte, Karl et moi, le dos courbé, les mains dans nos poches et le fusil sous le bras. Nos chaussures enveloppées de laine afin de pouvoir marcher sans glisser sur la rivière gelée ne faisaient aucun bruit; et je regardais la fumée blanche que faisait l'haleine de nos chiens.

Nous fûmes bientôt au bord du marais, et nous nous engageâmes dans une des allées de roseaux secs qui s'avançait à travers cette forêt basse.

Nos coudes, frôlant les longues feuilles en rubans, laissaient derrière nous un léger bruit;

et je me sentis saisi, comme je ne l'avais jamais été,.par l'émotion puissante et singulière
que font naître en moi les marécages. Il était
mort, celui-là, mort de froid, puisque nous
marchions dessus, au milieu de son peuple
de joncs desséchés.

Tout à coup, au détour d'une des allées,
j'aperçus la hutte de glace qu'on avait construite pour nous mettre à l'abri. J'y entrai, et
comme nous avions encore près d'une heure
à attendre le réveil des oiseaux errants, je me
roulai dans ma couverture pour essayer de
me réchauffer.

Alors, couché sur le dos, je me mis à regarder la lune déformée, qui avait quatre
cornes à travers les parois vaguement transparentes de cette maison polaire.

Mais le froid du marais gelé, le froid de
ces murailles, le froid tombé du firmament
me pénétra bientôt d'une façon si terrible,
que je me mis à tousser.

Mon cousin Karl fut pris d'inquiétude :
«Tant pis si nous ne tuons pas grand'chose
aujourd'hui, dit-il, je ne veux pas que tu
t'enrhumes; nous allons faire du feu.» Et il
donna l'ordre au garde de couper des roseaux.

On en fit un tas au milieu de notre hutte
défoncée au sommet pour laisser échapper la
fumée; et lorsque la flamme rouge monta le

long des cloisons claires de cristal, elles se
mirent à fondre, doucement, à peine, comme
si ces pierres de glace avaient sué. Karl,
resté dehors, me cria : « Viens donc voir ! »
Je sortis et je restai éperdu d'étonnement.
Notre cabane, en forme de cône, avait l'air
d'un monstrueux diamant au cœur de feu
poussé soudain sur l'eau gelée du marais. Et
dedans, on voyait deux formes fantastiques,
celles de nos chiens qui se chauffaient.

Mais un cri bizarre, un cri perdu, un cri
errant, passa sur nos têtes. La lueur de notre
foyer réveillait les oiseaux sauvages.

Rien ne m'émeut comme cette première
clameur de vie qu'on ne voit point et qui
court dans l'air sombre, si vite, si loin, avant
qu'apparaisse à l'horizon la première clarté
des jours d'hiver. Il me semble à cette heure
glaciale de l'aube, que ce cri fuyant emporté
par les plumes d'une bête est un soupir de
l'âme du monde !

Karl disait : « Éteignez le feu. Voici l'aurore. »

Le ciel en effet commençait à pâlir, et les
bandes de canards traînaient de longues
taches rapides, vite effacées, sur le firmament.

Une lueur éclata dans la nuit, Karl venait
de tirer ; et les deux chiens s'élancèrent.

Alors, de minute en minute, tantôt lui
et tantôt moi, nous ajustions vivement dès
qu'apparaissait au-dessus des roseaux l'ombre
d'une tribu volante. Et Pierrot et Plongeon,
essoufflés et joyeux, nous rapportaient des
bêtes sanglantes dont l'œil quelquefois nous
regardait encore.

Le jour s'était levé, un jour clair et bleu ;
le soleil apparaissait au fond de la vallée et
nous songions à repartir, quand deux oiseaux,
le col droit et les ailes tendues, glissèrent
brusquement sur nos têtes. Je tirai. Un d'eux
tomba presque à mes pieds. C'était une sar-
celle au ventre d'argent. Alors, dans l'espace
au-dessus de moi, une voix, une voix d'oiseau
cria. Ce fut une plainte courte, répétée, dé-
chirante ; et la bête, la petite bête épargnée
se mit à tourner dans le bleu du ciel au-
dessus de nous en regardant sa compagne
morte que je tenais entre mes mains.

Karl, à genoux, le fusil à l'épaule, l'œil
ardent, la guettait, attendant qu'elle fût
assez proche.

— Tu as tué la femelle, dit-il, le mâle ne
s'en ira pas.

Certes, il ne s'en allait point ; il tournoyait
toujours et pleurait autour de nous. Jamais
gémissement de souffrance ne me déchira
le cœur comme l'appel désolé, comme le re-

proche lamentable de ce pauvre animal perdu dans l'espace.

Parfois, il s'enfuyait sous la menace du fusil qui suivait son vol; il semblait prêt à continuer sa route, tout seul à travers le ciel. Mais ne s'y pouvant décider il revenait bientôt pour chercher sa femelle.

— Laisse-là par terre, me dit Karl, il approchera tout à l'heure.

Il approchait, en effet, insouciant du danger, affolé par son amour de bête, pour l'autre bête que j'avais tuée.

Karl tira; ce fut comme si on avait coupé la corde qui tenait suspendu l'oiseau. Je vis une chose noire qui tombait; j'entendis dans les roseaux le bruit d'une chute. Et Pierrot me le rapporta.

Je les mis, froids déjà, dans le même carnier... et je repartis, ce jour-là, pour Paris.

....

Amour a paru dans *le Gil-Blas* du mardi 7 décembre 1886.

LE TROU

LE TROU.

Coups et blessures, ayant occasionné la mort. Tel était le chef d'accusation qui faisait comparaître en cour d'assises le sieur Léopold Renard, tapissier.

Autour de lui les principaux témoins, la dame Flamèche, veuve de la victime, les nommés Louis Ladureau, ouvrier ébéniste, et Jean Durdent, plombier.

Près du criminel, sa femme en noir, petite, laide, l'air d'une guenon habillée en dame.

Et voici comment Renard (Léopold) raconte le drame :

— Mon Dieu, c'est un malheur dont je fus tout le temps la première victime, et dont ma volonté n'est pour rien. Les faits se commentent d'eux-mêmes, m'sieu l'président. Je suis un honnête homme, homme de travail, tapissier dans la même rue depuis seize ans, connu, aimé, respecté, considéré de tous, comme en ont attesté les voisins, même la concierge qui n'est pas folâtre tous les jours. J'aime le travail, j'aime l'épargne, j'aime les honnêtes gens et les plaisirs honnêtes. Voilà ce qui m'a perdu, tant pis pour moi; ma volonté n'y étant pas, je continue à me respecter.

Donc, tous les dimanches, mon épouse que voilà et moi, depuis cinq ans, nous allons passer la journée à Poissy. Ça nous fait prendre l'air, sans compter que nous aimons la pêche à la ligne, oh! mais là, nous l'aimons comme des petits oignons. C'est Mélie qui m'a donné cette passion-là, la rosse, et qu'elle y est plus emportée que moi, la teigne, vu que tout le mal vient d'elle en c't'affaire-là, comme vous l'allez voir par la suite.

Moi, je suis fort et doux, pas méchant pour deux sous. Mais elle! oh! là! là! ça n'a l'air de rien, c'est petit, c'est maigre; eh bien! c'est plus malfaisant qu'une fouine. Je ne nie pas qu'elle ait des qualités; elle en a, et d'importantes pour un commerçant. Mais son caractère! Parlez-en aux alentours, et même à la concierge qui m'a déchargé tout à l'heure... elle vous en dira des nouvelles.

Tous les jours elle me reprochait ma dou-
ceur : « C'est moi qui ne me laisserais pas
faire ci ! C'est moi qui ne me laisserais
pas faire ça. » En l'écoutant, m'sieu l'président, j'aurais eu au moins trois duels au pu-
gilat par mois...

Mme Renard l'interrompit : « Cause toujours; rira bien qui rira l'dernier. »

Il se tourna vers elle avec candeur :

— Eh bien, j'peux t'charger puisque t'es
pas en cause, toi...

Puis, faisant de nouveau face au président :

— Lors je continue. Donc nous allions à
Poissy tous les samedis soir pour y pêcher
dès l'aurore du lendemain. C'est une habitude pour nous qu'est devenue une seconde
nature, comme on dit. J'avais découvert,
voilà trois ans cet été, une place ! mais une
place ! Oh ! là ! là ! à l'ombre, huit pieds
d'eau, au moins, p'têtre dix, un trou, quoi,
avec des retrous sous la berge, une vraie
niche à poisson, un paradis pour le pêcheur.
Ce trou-là, m'sieu l'président, je pouvais le
considérer comme à moi, vu que j'en étais
le Christophe Colomb. Tout le monde le
savait dans le pays, tout le monde sans
opposition. On disait : « Ça, c'est la place à
Renard; » et personne n'y serait venu, pas
même M. Plumeau, qu'est connu, soit dit

sans l'offenser, pour chiper les places des
autres.

Donc, sûr de mon endroit, j'y revenais
comme un propriétaire. A peine arrivé, le
samedi, je montais dans *Dalila,* avec mon
épouse. — *Dalila* c'est ma norvégienne, un
bateau que j'ai fait construire chez Fournaise,
quéque chose de léger et de sûr. — Je dis
que nous montons dans *Dalila,* et nous allons
amorcer. Pour amorcer, il n'y a que moi, et
ils le savent bien, les camaraux. — Vous me
demanderez avec quoi j'amorce? Je n'peux
pas répondre. Ça ne touche point à l'accident; je ne peux pas répondre, c'est mon
secret. — Ils sont plus de deux cents qui me
l'ont demandé. On m'en a offert des petits
verres, et des fritures, et des matelotes pour
me faire causer!! Mais va voir s'ils viennent,
les chevesnes. Ah! oui, on m'a tapé sur le
ventre pour la connaître, ma recette... Il n'y
a que ma femme qui la sait... et elle ne la
dira pas plus que moi!... Pas vrai, Mélie?...

Le président l'interrompit.

— Arrivez au fait le plus tôt possible.

Le prévenu reprit :

— J'y viens, j'y viens. Donc le samedi
8 juillet, parti par le train de cinq heures
vingt-cinq, nous allâmes, dès avant dîner,
amorcer comme tous les samedis. Le temps

s'annonçait bien. Je disais à Mélie : «Chouette, chouette pour demain!» Et elle répondait : «Ça promet.» Nous ne causons jamais plus que ça ensemble.

Et puis, nous revenons dîner. J'étais content, j'avais soif. C'est cause de tout, m'sieu l'président. Je dis à Mélie : «Tiens, Mélie, il fait beau, si je buvais une bouteille de *casque à mèche*». C'est un petit vin blanc que nous avons baptisé comme ça, parce que, si on en boit trop, il vous empêche de dormir et il remplace le casque à mèche. Vous comprenez.

Elle me répond : «Tu peux faire à ton idée, mais tu s'ras encore malade; et tu ne pourras pas te lever demain.» — Ça, c'était vrai, c'était sage, c'était prudent, c'était perspicace, je le confesse. Néanmoins, je ne sus pas me contenir; et je la bus ma bouteille. Tout vint de là.

Donc, je ne pus pas dormir. Cristi! je l'ai eu jusqu'à deux heures du matin, ce casque à mèche en jus de raisin. Et puis pouf, je m'endors, mais là je dors à n'pas entendre gueuler l'ange du jugement dernier.

Bref, ma femme me réveille à six heures. Je saute du lit, j'passe vite et vite ma culotte et ma vareuse; un coup d'eau sur le museau et nous sautons dans *Dalila*. Trop tard.

Quand j'arrive à mon trou, il était pris!
Jamais ça n'était arrivé, m'sieu l'président,
jamais depuis trois ans! Ça m'a fait un effet
comme si on me dévalisait sous mes yeux.
Je dis : «Nom d'un nom, d'un nom, d'un
nom!» Et v'là ma femme qui commence à
me harceler. «Hein, ton casque à mèche!
Va donc, soûlot! Es-tu content, grande bête.»

Je ne disais rien; c'était vrai, tout ça.

Je débarque tout de même près de l'endroit pour tâcher de profiter des restes. Et
peut-être qu'il ne prendrait rien c't'homme?
et qu'il s'en irait.

C'était un petit maigre, en coutil blanc,
avec un grand chapeau de paille. Il avait aussi
sa femme, une grosse qui faisait de la tapis-
serie derrière lui.

Quand elle nous vit nous installer près du
lieu, v'là qu'elle murmure :

— Il n'y a donc pas d'autre place sur la
rivière?

Et la mienne, qui rageait, de répondre :

— Les gens qu'ont du savoir-vivre s'in-
forment des habitudes d'un pays avant d'occuper les endroits réservés.

Comme je ne voulais pas d'histoires, je
lui dis :

— Tais-toi, Mélie. Laisse faire, laisse
faire, nous verrons bien.

Donc, nous avions mis *Dalila* sous les saules, nous étions descendus, et nous pêchions, coude à coude, Mélie et moi, juste à côté des deux autres.

Ici, m'sieu l'président, il faut que j'entre dans le détail.

Y avait pas cinq minutes que nous étions là quand la ligne du voisin s'met à plonger deux fois, trois fois; et puis voilà qu'il en amène un, de chevesne, gros comme ma cuisse, un peu moins p't-être, mais presque! Moi, le cœur me bat; j'ai une sueur aux tempes, et Mélie qui me dit : « Hein, pochard, l'as-tu vu, celui-là ! »

Sur ces entrefaites, M. Bru, l'épicier de Poissy, un amateur de goujon, lui, passe en barque et me crie : « On vous a pris votre endroit, monsieur Renard ? » Je lui réponds : « Oui, monsieur Bru, il y a dans ce monde des gens pas délicats qui ne savent pas les usages. »

Le petit coutil d'à côté avait l'air de ne pas entendre, sa femme non plus, sa grosse femme, un veau quoi ! »

Le président interrompit une seconde fois : « Prenez-garde ! Vous insultez Mme veuve Flamèche, ici présente. »

Renard s'excusa : « Pardon, pardon, c'est la passion qui m'emporte.

Donc, il ne s'était pas écoulé un quart d'heure que le petit coutil en prit encore un, de chevesne — et un autre presque pardessus, et encore un cinq minutes plus tard.

Moi, j'en avais les larmes aux yeux. Et puis je sentais Mme Renard en ébullition; elle me lancicotait sans cesse : « Ah!. misère! crois-tu qu'il te le vole, ton poisson? Crois-tu? Tu ne prendras rien, toi, pas une grenouille, rien de rien, rien. Tiens, j'ai du feu dans la main, rien que d'y penser. »

Moi, je me disais : — Attendons midi. Il ira déjeuner, ce braconnier-là, et je la reprendrai, ma place. Vu que moi, m'sieu l' président, je déjeune sur les lieux tous les dimanches. Nous apportons les provisions dans *Dalila*.

Ah! ouiche. Midi sonne! Il avait un poulet dans un journal, le malfaiteur, et pendant qu'il mange, v'là qu'il en prend encore un, de chevesne!

Mélie et moi nous cassions une croûte aussi, comme ça, sur le pouce, presque rien, le cœur n'y était pas.

Alors, pour faire digestion, je prends mon journal. Tous les dimanches, comme ça, je lis le *Gil-Blas*, à l'ombre, au bord de l'eau. C'est le jour de Colombine, vous savez bien,

Colombine qu'écrit des articles dans le *Gil-Blas*. J'avais coutume de faire enrager Mme Renard en prétendant la connaître, c'te Colombine. C'est pas vrai, je la connais pas, je ne l'ai jamais vue, n'importe, elle écrit bien; et puis elle dit des choses rudement d'aplomb pour une femme. Moi, elle me va, y en a pas beaucoup dans son genre.

Voilà donc que je commence à asticoter mon épouse, mais elle se fâche tout de suite, et raide, encore. Donc je me tais.

C'est à ce moment qu'arrivent de l'autre côté de la rivière nos deux témoins que voilà, M. Ladureau et M. Durdent. Nous nous connaissions de vue.

Le petit s'était remis à pêcher. Il en prenait que j'en tremblais, moi. Et sa femme se met à dire : « La place est rudement bonne, nous y reviendrons toujours, Désiré ! »

Moi, je me sens un froid dans le dos. Et Mme Renard répétait : « T'es pas un homme, t'es pas un homme. T'as du sang de poulet dans les veines. »

Je lui dis soudain : « Tiens, j'aime mieux m'en aller, je ferais quelque bêtise. »

Et elle me souffle, comme si elle m'eût mis un fer rouge sous le nez : « T'es pas un homme. V'là qu' tu fuis, maintenant, que tu rends la place ! Va donc, Bazaine ! »

Là, je me suis senti touché. Cependant je ne bronche pas.

Mais l'autre, il lève une brème, oh ! jamais je n'en ai vu telle. Jamais !

Et r'voilà ma femme qui se met à parler haut, comme si elle pensait. Vous voyez d'ici la malice. Elle disait : « C'est ça qu'on peut appeler du poisson volé, vu que nous avons amorcé la place nous-mêmes. Il faudrait rendre au moins l'argent dépensé pour l'amorce. »

Alors, la grosse au petit coutil se mit à dire à son tour : « C'est à nous que vous en avez, madame ? »

— J'en ai aux voleurs de poisson qui profitent de l'argent dépensé par les autres.

— C'est nous que vous appelez des voleurs de poisson ?

Et voilà qu'elles s'expliquent, et puis qu'elles en viennent aux mots. Cristi, elles en savent, les gueuses, et de tapés. Elles gueulaient si fort que nos deux témoins, qui étaient sur l'autre berge, s'mettent à crier pour rigoler : « Eh ! là-bas, un peu de silence. Vous allez empêcher vos époux de pêcher. »

Le fait est que le petit coutil et moi, nous ne bougions pas plus que deux souches. Nous restions là, le nez sur l'eau, comme si nous n'avions pas entendu.

Cristi de cristi, nous entendions bien pourtant : « Vous n'êtes qu'une menteuse. — Vous n'êtes qu'une traînée. — Vous n'êtes qu'une roulure. — Vous n'êtes qu'une rouchie. » Et va donc, et va donc. Un matelot n'en sait pas plus.

Soudain, j'entends un bruit derrière moi. Je me r'tourne. C'était l'autre, la grosse, qui tombait sur ma femme à coups d'ombrelle. Pan ! pan ! Mélie en r'çoit deux. Mais elle rage, Mélie, et puis elle tape, quand elle rage. Elle vous attrape la grosse par les cheveux, et puis v'lan, v'lan, v'lan, les gifles qui pleuvaient comme des prunes.

Moi, je les aurais laissé faire. Les femmes entre elles, les hommes entre eux. Il ne faut pas mêler les coups. Mais le petit coutil se lève comme un diable et puis il veut sauter sur ma femme. Ah ! mais non ! ah ! mais non ! pas de ça, camarade. Moi je le reçois sur le bout de mon poing, cet oiseau-là. Et gnon, et gnon. Un dans le nez, l'autre dans le ventre. Il lève les bras, il lève la jambe et il tombe sur le dos, en pleine rivière, juste dans l'trou.

Je l'aurais repêché pour sûr, m'sieu l' président, si j'avais eu le temps tout de suite. Mais, pour comble, la grosse prenait le dessus, et elle vous tripotait Mélie de la belle façon. Je sais bien que j'aurais pas dû la secourir pendant que l'autre buvait son coup. Mais je ne pensais pas qu'il se serait noyé. Je me disais : « Bah ! ça le rafraîchira ! »

Je cours donc aux femmes pour les séparer. Et j'en reçois des gnons, des coups d'ongles et des coups de dents. Cristi, quelles rosses !

Bref, il me fallut bien cinq minutes, peut-être dix, pour séparer ces deux crampons-là.

J'me r'tourne. Pu rien. L'eau calme comme un lac. Et les autres là-bas qui criaient : « Repêchez-le, repêchez-le. »

C'est bon à dire, ça, mais je ne sais pas nager, moi, et plonger encore moins, pour sûr !

Enfin le barragiste est venu et deux messieurs avec des gaffes, ça avait bien duré un grand quart d'heure. On l'a retrouvé au fond du trou, sous huit pieds d'eau, comme j'avais dit, mais il y était, le petit coutil !

Voilà les faits tels que je les jure. Je suis innocent, sur l'honneur.

Les témoins ayant déposé dans le même sens, le prévenu fut acquitté.

Le Trou a paru dans *le Gil-Blas* du mardi 9 novembre 1886.

CLOCHETTE

CLOCHETTE.

Sont-ils étranges, ces anciens souvenirs qui vous hantent sans qu'on puisse se défaire d'eux!

Celui-là est si vieux, si vieux que je ne saurais comprendre comment il est resté si vif et si tenace dans mon esprit. J'ai vu depuis, tant de choses sinistres, émouvantes ou terribles, que je m'étonne de ne pouvoir passer un jour, un seul jour, sans que la figure de la mère Clochette ne se retrace devant mes yeux, telle que je la connus, autrefois, voilà si longtemps, quand j'avais dix ou douze ans.

C'était une vieille couturière qui venait une fois par semaine, tous les mardis, racommoder le linge chez mes parents. Mes parents habitaient une de ces demeures de campagne appelées châteaux, et qui sont simplement d'antiques maisons à toit aigu, dont dépendent quatre ou cinq fermes groupées autour.

Le village, un gros village, un bourg, apparaissait à quelques centaines de mètres, serré autour de l'église, une église de briques rouges devenues noires avec le temps.

Donc, tous les mardis, la mère Clochette arrivait entre six heures et demie et sept heures du matin et montait aussitôt dans la lingerie se mettre au travail.

C'était une haute femme maigre, barbue, ou plutôt poilue, car elle avait de la barbe sur toute la figure, une barbe surprenante, inattendue, poussée par bouquets invraisemblables, par touffes frisées qui semblaient semées par un fou à travers ce grand visage de gendarme en jupes. Elle en avait sur le nez, sous le nez, autour du nez, sur le menton, sur les joues; et ses sourcils d'une épaisseur et d'une longueur extravagantes, tout gris, touffus, hérissés, avaient tout à fait l'air d'une paire de moustaches placées là par erreur.

Elle boitait, non pas comme boitent les estropiés ordinaires, mais comme un navire à l'ancre. Quand elle posait sur sa bonne jambe son grand corps osseux et dévié, elle semblait prendre son élan pour monter sur une vague monstrueuse, puis, tout à coup, elle plongeait comme pour disparaître dans un abîme, elle s'enfonçait dans le sol. Sa marche éveillait bien l'idée d'une tempête, tant elle se balançait en même temps; et sa tête toujours coiffée d'un énorme bonnet blanc, dont les rubans lui flottaient dans le dos, semblait traverser l'horizon, du nord au sud et du sud au nord, à chacun de ses mouvements.

J'adorais cette mère Clochette. Aussitôt levé je montais dans la lingerie où je la trouvais installée à coudre, une chaufferette sous les pieds. Dès que j'arrivais, elle me forçait à prendre cette chaufferette et à m'asseoir dessus pour ne pas m'enrhumer dans cette vaste pièce froide, placée sous le toit.

— Ça te tire le sang de la gorge, disait-elle.

Elle me contait des histoires, tout en reprisant le linge avec ses longs doigts crochus, qui étaient vifs; ses yeux derrière ses lunettes aux verres grossissants, car l'âge avait affaibli sa vue, me paraissaient énormes, étrangement profonds, doubles.

Elle avait, autant que je puis me rappeler les choses qu'elle me disait et dont mon cœur d'enfant était remué, une âme magnanime de pauvre femme. Elle voyait gros et simple. Elle me contait les événements du bourg, l'histoire d'une vache qui s'était sauvée de l'étable et qu'on avait retrouvée, un matin,

devant le moulin de Prosper Malet, regardant
tourner les ailes de bois, ou l'histoire d'un
œuf de poule découvert dans le clocher de
l'église sans qu'on eût jamais compris quelle
bête était venue le pondre là, ou l'histoire
du chien de Jean-Jean Pilas, qui avait été reprendre à dix lieues du village la culotte de
son maître volée par un passant tandis qu'elle
séchait devant la porte après une course à la
pluie. Elle me contait ces naïves aventures de
telle façon qu'elles prenaient en mon esprit
des proportions de drames inoubliables, de
poèmes grandioses et mystérieux ; et les contes
ingénieux inventés par des poètes et que me
narrait ma mère, le soir, n'avaient point cette
saveur, cette ampleur, cette puissance des ré-
cits de la paysanne.

Or, un mardi, comme j'avais passé toute la
matinée à écouter la mère Clochette, je voulus remonter près d'elle, dans la journée,
après avoir été cueillir des noisettes avec le
domestique, au bois des Hallets, derrière
la ferme de Noirpré. Je me rappelle tout cela
aussi nettement que les choses d'hier.

Or, en ouvrant la porte de la lingerie,
j'aperçus la vieille couturière étendue sur le
sol, à côté de sa chaise, la face par terre, les
bras allongés, tenant encore son aiguille d'une

main, et de l'autre, une de mes chemises.
Une de ses jambes, dans un bas bleu, la
grande sans doute, s'allongeait sous sa chaise;
et les lunettes brillaient au pied de la muraille,
ayant roulé loin d'elle.

Je me sauvai en poussant des cris aigus.
On accourut; et j'appris au bout de quelques minutes que la mère Clochette était
morte.

Je ne saurais dire l'émotion profonde, poi-
gnante, terrible, qui crispa mon cœur d'enfant. Je descendis à petits pas dans le salon
et j'allai me cacher dans un coin sombre, au
fond d'une immense et antique bergère où
je me mis à genoux pour pleurer. Je restai
là longtemps sans doute, car la nuit vint.

Tout à coup on entra avec une lampe,
mais on ne me vit pas et j'entendis mon père
et ma mère causer avec le médecin, dont je
reconnus la voix.

On l'avait été chercher bien vite et il expli-
quait les causes de l'accident. Je n'y compris rien d'ailleurs. Puis il s'assit, et accepta
un verre de liqueur avec un biscuit.

Il parlait toujours; et ce qu'il dit alors me
reste et me restera gravé dans l'âme jusqu'à
ma mort! Je crois que je puis reproduire
même presque absolument les termes dont il
se servit.

— Ah! disait-il, la pauvre femme! ce fut ici ma première cliente. Elle se cassa la jambe le jour de mon arrivée et je n'avais pas eu le temps de me laver les mains en descendant de la diligence quand on vint me quérir en toute hâte, car c'était grave, très grave.

Elle avait dix-sept ans, et c'était une très belle fille, très belle, très belle! L'aurait-on cru? Quant à son histoire, je ne l'ai jamais dite, et personne hors moi et un autre qui n'est plus dans le pays ne l'a jamais sue. Maintenant qu'elle est morte, je puis être moins discret.

A cette époque-là venait de s'installer, dans le bourg, un jeune aide instituteur qui avait une jolie figure et une belle taille de sous-officier. Toutes les filles lui couraient après, et il faisait le dédaigneux, ayant grand'peur d'ailleurs du maître d'école, son supérieur, le père Grabu, qui n'était pas bien levé tous les jours.

Le père Grabu employait déjà comme couturière la belle Hortense, qui vient de mourir chez vous et qu'on baptisa plus tard Clochette, après son accident. L'aide instituteur distingua cette belle fillette, qui fut sans doute flattée d'être choisie par cet imprenable conquérant; toujours est-il qu'elle l'aima, et qu'il obtint un premier rendezvous, dans le grenier de l'école, à la fin d'un jour de couture, la nuit venue.

Elle fit donc semblant de rentrer chez elle, mais au lieu de descendre l'escalier en sortant de chez les Grabu, elle le monta, et alla se cacher dans le foin, pour attendre son amoureux. Il l'y rejoignit bientôt, et il commençait à lui conter fleurette, quand la porte de ce grenier s'ouvrit de nouveau et le maître d'école parut et demanda :

— Qu'est-ce que vous faites là-haut, Sigisbert ?

Sentant qu'il serait pris, le jeune instituteur, affolé, répondit stupidement :

— J'étais monté me reposer un peu sur les bottes, monsieur Grabu.

Ce grenier était très grand, très vaste, absolument noir ; et Sigisbert poussait vers le fond la jeune fille effarée, en répétant : «Allez là-bas, cachez-vous. Je vais perdre ma place, sauvez-vous, cachez-vous ?»

Le maître d'école entendant murmurer, reprit : «Vous n'êtes donc pas seul ici ?

— Mais oui, monsieur Grabu !

— Mais non, puisque vous parlez.

— Je vous jure que oui, monsieur Grabu.

— C'est ce que je vais savoir, reprit le vieux ; et fermant la porte à double tour, il descendit chercher une chandelle.

Alors le jeune homme, un lâche comme
on en trouve souvent, perdit la tête et il répétait, paraît-il, devenu furieux tout à coup :
« Mais cachez-vous, qu'il ne vous trouve pas.
Vous allez me mettre sans pain pour toute ma
vie. Vous allez briser ma carrière... Cachez-
vous donc ! »

On entendait la clef qui tournait de nouveau dans la serrure.

Hortense courut à la lucarne qui donnait
sur la rue, l'ouvrit brusquement, puis d'une
voix basse et résolue :

— Vous viendrez me ramasser quand il
sera parti, dit-elle.

Et elle sauta.

Le père Grabu ne trouva personne et re-
descendit, fort surpris.

Un quart d'heure plus tard, M. Sigisbert
entrait chez moi et me contait son aventure.
La jeune fille était restée au pied du mur incapable de se lever, étant tombée de deux
étages. J'allai la chercher avec lui. Il pleuvait
à verse, et j'apportai chez moi cette malheureuse dont la jambe droite était brisée à trois
places, et dont les os avaient crevé les chairs.
Elle ne se plaignait pas et disait seulement
avec une admirable résignation. « Je suis
punie, bien punie ! »

Je fis venir du secours et les parents de

l'ouvrière, à qui je contai la fable d'une voiture emportée qui l'avait renversée et estropiée devant ma porte.

On me crut, et la gendarmerie chercha en vain, pendant un mois, l'auteur de cet accident.

Voilà! Et je dis que cette femme fut une héroïne, de la race de celles qui accomplissent les plus belles actions historiques.

Ce fut là son seul amour. Elle est morte vierge. C'est une martyre, une grande âme, une Dévouée sublime! Et si je ne l'admirais pas absolument je ne vous aurais pas conté cette histoire, que je n'ai jamais voulu dire à personne pendant sa vie, vous comprenez pourquoi.

Le médecin s'était tu. Maman pleurait. Papa prononça quelques mots que je ne saisis pas bien; puis ils s'en allèrent.

Et je restai à genoux sur ma bergère, sanglotant, pendant que j'entendais un bruit étrange de pas lourds et de heurts dans l'escalier.

On emportait le corps de Clochette.

Clochette a paru dans *le Gil-Blas* du mardi 21 décembre 1886.

LE

MARQUIS DE FUMEROL

LE

MARQUIS DE FUMEROL.

ROGER DE TOURNEVILLE, au milieu du cercle de ses amis, parlait, à cheval sur une chaise, il tenait un cigare à la main, et, de temps en temps aspirait et soufflait un petit nuage de fumée.

... Nous étions à table quand on apporta une lettre. Papa l'ouvrit. Vous connaissez bien papa qui croit faire l'intérim du Roy, en France. Moi, je l'appelle don Quichotte parce qu'il s'est battu pendant douze ans contre le moulin à vent de la République sans bien savoir si c'était au nom des Bourbons ou bien au nom des Orléans. Aujourd'hui il tient la lance au nom des Orléans seuls, parce qu'il n'y a plus qu'eux. Dans tous les cas, papa se croit le premier gentilhomme de France, le plus connu, le plus influent, le chef du parti; et comme il est sénateur inamovible il considère les Rois des environs comme ayant des trônes peu sûrs.

Quant à maman, c'est l'âme de papa, c'est l'âme de la royauté et de la religion, le bras droit de Dieu sur terre, et le fléau des mal-pensants.

Donc on apporta une lettre pendant que nous étions à table. Papa l'ouvrit, la lut, puis il regarda maman et lui dit : « Ton frère est à l'article de la mort.» Maman pâlit. Presque jamais on ne parlait de mon oncle dans la maison. Moi je ne le connaissais pas du tout. Je savais seulement par la voix publique qu'il avait mené et menait encore une vie de polichinelle. Ayant mangé sa fortune avec un nombre incalculable de femmes, il n'avait conservé que deux maîtresses, avec lesquelles il vivait dans un petit appartement, rue des Martyrs.

Ancien pair de France, ancien colonel de cavalerie, il ne croyait, disait-on, ni à Dieu ni à diable. Doutant donc de la vie future, il avait abusé, de toutes les façons, de la vie présente; et il était devenu la plaie vive du cœur de maman.

Elle dit : « Donnez-moi cette lettre, Paul. »

Quand elle eut fini de la lire, je la demandai à mon tour. La voici :

« Monsieur le comte, je croi devoir vou faire asavoir que votre bôfrère le marqui de Fumerol va mourir. Peut etre voudré vous prendre des disposition, et ne pas oublié que je vous ai prévenu.

« Votre servante,

« Mélani. »

Papa murmura : « Il faut aviser. Dans ma situation, je dois veiller sur les derniers moments de votre frère. »

Maman reprit : « Je vais faire chercher l'abbé Poivron et lui demander conseil. Puis j'irai trouver mon frère avec l'abbé et Roger. Vous, Paul, restez ici. Il ne faut pas vous compromettre. Une femme peut faire et doit faire ces choses-là. Mais pour un homme politique dans votre position, c'est autre chose. Un adversaire aurait beau jeu à se servir contre vous de la plus louable de vos actions.

— Vous avez raison, dit mon père. Faites suivant votre inspiration, ma chère amie. »

Un quart d'heure plus tard, l'abbé Poivron entrait dans le salon, et la situation fut exposée, analysée, discutée sous toutes ses faces.

Si le marquis de Fumerol, un des grands noms de France, mourait sans les secours de la religion, le coup assurément serait terrible pour la noblesse en général et pour le comte de Tourneville en particulier. Les libres penseurs triompheraient. Les mauvais journaux chanteraient victoire pendant six mois ; le nom de ma mère serait traîné dans la boue et dans la prose des feuilles socialistes ; celui de mon père éclaboussé. Il était impossible qu'une pareille chose arrivât.

Donc une croisade fut immédiatement décidée, qui serait conduite par l'abbé Poivron, petit prêtre gras et propre, vaguement parfumé, un vrai vicaire de grande église dans un quartier noble et riche.

Un landau fut attelé et nous voici partis tous trois, maman, le curé et moi, pour administrer mon oncle.

Il avait été décidé qu'on verrait d'abord Mme Mélanie, auteur de la lettre et qui devait être la concierge ou la servante de mon oncle.

Je descendis en éclaireur devant une maison à sept étages et j'entrai dans un couloir sombre où j'eus beaucoup de mal à découvrir le trou obscur du portier. Cet homme me toisa avec méfiance.

Je demandai : «Madame Mélanie, s'il vous plaît ?

— Connais pas !

— Mais, j'ai reçu une lettre d'elle.

— C'est possible, mais connais pas. C'est quelque entretenue que vous demandez?

— Non, une bonne, probablement. Elle m'a écrit pour une place.

— Une bonne?... Une bonne?... P't'être la celle au marquis. Allez voir, cintième à gauche. »

Du moment que je ne demandais pas une entretenue, il était devenu plus aimable et il vint jusqu'au couloir. C'était un grand maigre avec des favoris blancs, un air bedeau et des gestes majestueux.

Je grimpai en courant un long limaçon poisseux d'escalier dont je n'osais toucher la rampe et je frappai trois coups discrets à la porte de gauche du cinquième étage.

Elle s'ouvrit aussitôt ; et une femme malpropre, énorme, se trouva devant moi barrant l'entrée de ses bras ouverts qui s'appuyaient aux deux portants.

Elle grogna : « Qu'est-ce que vous demandez ?

— Vous êtes madame Mélanie ?

— Oui.

— Je suis le vicomte de Tourneville.

— Ah bon ! Entrez.

— C'est que... maman est en bas avec un prêtre.

— Ah bon... Allez les chercher. Mais prenez garde au portier. »

Je descendis et je remontai avec maman que suivait l'abbé. Il me sembla que j'entendais d'autres pas derrière nous.

Dès que nous fûmes dans la cuisine, Mélanie nous offrit des chaises et nous nous assîmes tous les quatre pour délibérer.

— Il est bien bas? demanda maman.

— Ah oui, madame, il n'en a pas pour longtemps.

— Est-ce qu'il semble disposé à recevoir la visite d'un prêtre?

— Oh!... je ne crois pas.

— Puis-je le voir?

— Mais... oui... madame... seulement... seulement... ces demoiselles sont auprès de lui.

— Quelles demoiselles?

— Mais... mais... ses bonnes amies donc.

— Ah!

Maman était devenue toute rouge.

L'abbé Poivron avait baissé les yeux.

Cela commençait à m'amuser et je dis :

— Si j'entrais le premier? Je verrai comment il me recevra et je pourrai peut-être préparer son cœur.

Maman, qui n'y entendait pas malice, répondit :

— Oui, mon enfant.

Mais une porte s'ouvrit quelque part et une voix, une voix de femme cria :

— Mélanie !

La grosse bonne s'élança, répondit :

— Qu'est-ce qu'il faut, mamzelle Claire ?

— L'omelette, bien vite.

— Dans une minute, mamzelle.

Et revenant vers nous, elle expliqua cet appel :

— C'est une omelette au fromage qu'elles m'ont commandée pour deux heures comme collation.

Et tout de suite elle cassa les œufs dans un saladier et se mit à les battre avec ardeur.

Moi, je sortis sur l'escalier et je tirai la sonnette afin d'annoncer mon arrivée officielle.

Mélanie m'ouvrit, me fit asseoir dans une antichambre, alla dire à mon oncle que j'étais là, puis revint me prier d'entrer.

L'abbé se cacha derrière la porte pour paraître au premier signe.

Assurément, je fus surpris en voyant mon oncle. Il était très beau, très solennel, très chic, ce vieux viveur.

Assis, presque couché dans un grand fauteuil, les jambes enveloppées d'une couverture, les mains, de longues mains pâles, pendantes sur les bras du siège, il attendait la mort avec une dignité biblique. Sa barbe blanche tombait sur sa poitrine, et ses cheveux, tout blancs aussi, la rejoignaient sur les joues.

Debout, derrière son fauteuil, comme pour le défendre contre moi, deux jeunes femmes, deux grasses petites femmes, me regardaient avec des yeux hardis de filles. En jupe et en peignoir, bras nus, avec des cheveux noirs à la diable sur la nuque, chaussées de savates orientales à broderies d'or qui montraient les chevilles et les bas de soie, elles avaient l'air, auprès de ce moribond, des figures immorales d'une peinture symbolique. Entre le fauteuil et le lit, une petite table portant une nappe, deux assiettes, deux verres, deux fourchettes et deux couteaux, attendait l'omelette au fromage commandée tout à l'heure à Mélanie.

Mon oncle dit d'une voix faible, essoufflée, mais nette :

— Bonjour, mon enfant. Il est tard pour me venir voir. Notre connaissance ne sera pas longue.

Je balbutiai : «Mon oncle, ce n'est pas ma faute... »

Il répondit : «Non. Je le sais. C'est la faute de ton père et de ta mère plus que la tienne... Comment vont-ils?

— Pas mal, je vous remercie. Quand ils ont appris que vous étiez malade, ils m'ont envoyé prendre de vos nouvelles.

— Ah! Pourquoi ne sont-ils pas venus eux-mêmes?»

Je levai les yeux sur les deux filles, et je dis doucement : «Ce n'est pas de leur faute s'ils n'ont pu venir, mon oncle. Mais il serait difficile pour mon père, et impossible pour ma mère d'entrer ici...»

Le vieillard ne répondit rien, mais souleva sa main vers la mienne. Je pris cette main pâle et froide et je la gardai.

La porte s'ouvrit : Mélanie entra avec l'omelette et la posa sur la table. Les deux femmes aussitôt s'assirent devant leurs as-siettes et se mirent à manger sans détourner les yeux de moi.

Je dis : «Mon oncle, ce serait une grande joie pour ma mère de vous embrasser. »

Il murmura : «Moi aussi... je voudrais...» Il se tut. Je ne trouvais rien à lui proposer, et on n'entendait plus que le bruit des four-chettes sur la porcelaine et ce vague mouve-ment des bouches qui mâchent.

Or l'abbé, qui écoutait derrière la porte, voyant notre embarras et croyant la partie gagnée, jugea le moment venu d'intervenir, et il se montra.

Mon oncle fut tellement stupéfait de cette apparition qu'il demeura d'abord immobile; puis il ouvrit la bouche comme s'il voulait avaler le prêtre; puis il cria d'une voix forte, profonde, furieuse :

— Que venez-vous faire ici?

L'abbé, accoutumé aux situations difficiles, avançait toujours, murmurant :

— Je viens au nom de votre sœur, monsieur le marquis; c'est elle qui m'envoie... Elle serait si heureuse, monsieur le marquis...

Mais le marquis n'écoutait pas. Levant une main il indiquait la porte d'un geste tragique et superbe, et il disait exaspéré, haletant :

— Sortez d'ici..., sortez d'ici... voleurs d'âmes... Sortez d'ici, violeurs de consciences... Sortez d'ici, crocheteurs de portes des moribonds!

Et l'abbé reculait, et moi aussi, je reculais vers la porte, battant en retraite avec mon clergé; et, vengées, les deux petites femmes s'étaient levées, laissant leur omelette à demi mangée, et elles s'étaient placées des deux côtés du fauteuil de mon oncle, posant leurs mains sur ses bras pour le calmer, pour le protéger contre les entreprises criminelles de la Famille et de la Religion.

L'abbé et moi nous rejoignîmes maman

dans la cuisine. Et Mélanie de nouveau nous offrit des chaises.

— Je savais bien que ça n'irait pas tout seul, disait-elle. Il faut trouver autre chose, autrement il nous échappera.

Et on recommença à délibérer. Maman avait un avis; l'abbé en soutenait un autre. J'en apportais un troisième.

Nous discutions à voix basse depuis une demi-heure peut-être quand un grand bruit de meubles remués et des cris poussés par mon oncle, plus véhéments et plus terribles encore que les premiers, nous firent nous dresser tous les quatre.

Nous entendions à travers les portes et les cloisons : « Dehors... dehors... manants... cuistres... dehors gredins... dehors... dehors... »

Mélanie se précipita, puis revint aussitôt m'appeler à l'aide. J'accourus. En face de mon oncle soulevé par la colère, presque debout et vociférant, deux hommes, l'un derrière l'autre, semblaient attendre qu'il fût mort de fureur.

A sa longue redingote ridicule, à ses longs souliers anglais, à son air d'instituteur sans place, à son col droit et à sa cravate blanche, à ses cheveux plats, à sa figure humble de faux prêtre d'une religion bâtarde, je re-

connus aussitôt le premier pour un pasteur
protestant.

Le second était le concierge de la maison
qui, appartenant au culte réformé, nous
avait suivis, avait vu notre défaite, et avait
couru chercher son prêtre à lui, dans l'espoir
d'un meilleur sort.

Mon oncle semblait fou de rage ! Si la
vue du prêtre catholique, du prêtre de ses
ancêtres, avait irrité le marquis de Fumerol
devenu libre penseur, l'aspect du ministre de
son portier le mettait tout à fait hors de lui.

Je saisis par les bras les deux hommes
et je les jetai dehors si brusquement qu'ils
s'embrassèrent avec violence deux fois de
suite, au passage des deux portes qui conduisaient à l'escalier.

Puis je disparus à mon tour et je rentrai
dans la cuisine, notre quartier général, afin
de prendre conseil de ma mère et de l'abbé.

Mais Mélanie, effarée, rentra en gémis-
sant. « Il meurt... il meurt... venez vite... il
meurt... »

Ma mère s'élança. Mon oncle était tombé
par terre, tout au long sur le parquet, et il
ne remuait plus. Je crois bien qu'il était déjà
mort.

Maman fut superbe à cet instant-là. Elle
marcha droit sur les deux filles agenouillées

auprès du corps et qui cherchaient à le soulever. Et leur montrant la porte avec une
autorité, une dignité, une majesté irrésis-
tibles, elle prononça :

— C'est à vous de sortir, maintenant.

Et elles sortirent, sans protester, sans dire
un mot. Il faut ajouter que je me disposais à
les expulser avec la même vivacité que le
pasteur et le concierge.

Alors l'abbé Poivron administra mon oncle
avec toutes les prières d'usage et lui remit ses
péchés.

Maman sanglotait, prosternée près de son
frère.

Tout à coup elle s'écria :

— Il m'a reconnue. Il m'a serré la main.
Je suis sûre qu'il m'a reconnue !!!... et qu'il
m'a remerciée! oh, mon Dieu! quelle joie!

Pauvre maman! Si elle avait compris ou
deviné à qui et à quoi ce remerciement-là
devait s'adresser!

On coucha l'oncle sur son lit. Il était bien
mort cette fois.

— Madame, dit Mélanie, nous n'avons
pas de draps pour l'ensevelir. Tout le linge
appartient à ces demoiselles.

Moi je regardais l'omelette qu'elles n'avaient
point fini de manger, et j'avais, en même
temps, envie de pleurer et de rire. Il y a de

drôles d'instants et de drôles de sensations, parfois, dans la vie !

Or, nous avons fait à mon oncle des funérailles magnifiques, avec cinq discours sur la tombe. Le sénateur baron de Croisselles a prouvé, en termes admirables, que Dieu toujours rentre victorieux dans les âmes de race un instant égarées. Tous les membres du parti royaliste et catholique suivaient le convoi avec un enthousiasme de triomphateurs, en parlant de cette belle mort après cette vie un peu troublée.

Le vicomte Roger s'était tu. On riait autour de lui. Quelqu'un dit : « Bah ! c'est là l'histoire de toutes les conversions *in extremis.* »

Le Marquis de Fumerol a paru dans *le Gil-Blas* du mardi 5 octobre 1886.

LE SIGNE

LE SIGNE.

LA petite marquise de Rennedon dormait encore, dans sa chambre close et parfumée, dans son grand lit doux et bas, dans ses draps de batiste légère, fine comme une dentelle, caressants comme un baiser; elle dormait seule, tranquille, de l'heureux et profond sommeil des divorcées.

Des voix la réveillèrent qui parlaient vivement dans le petit salon bleu. Elle reconnut son amie chère, la petite baronne de Grangerie, se disputant pour entrer avec la femme de chambre qui défendait la porte de sa maîtresse.

Alors la petite marquise se leva, tira les verrous, tourna la serrure, souleva la portière et montra sa tête, rien que sa tête blonde, cachée sous un nuage de cheveux.

— Qu'est-ce que tu as, dit-elle, à venir si tôt? Il n'est pas encore neuf heures.

La petite baronne, très pâle, nerveuse, fiévreuse, répondit :

— Il faut que je te parle. Il m'arrive une chose horrible.

— Entre, ma chérie.

Elle entra, elles s'embrassèrent; et la petite marquise se recoucha pendant que la femme de chambre ouvrait les fenêtres, donnait de l'air et du jour. Puis, quand la domestique fut partie, Mme de Rennedon reprit : « Allons, raconte. »

Mme de Grangerie se mit à pleurer, versant ces jolies larmes claires qui rendent plus charmantes les femmes, et elle balbutiait sans s'essuyer les yeux pour ne point les rougir : «Oh! ma chère, c'est abominable, abominable, ce qui m'arrive. Je n'ai pas dormi de la nuit, mais pas une minute; tu entends, pas une minute. Tiens, tâte mon cœur, comme il bat. »

Et, prenant la main de son amie, elle la posa sur sa poitrine, sur cette ronde et ferme enveloppe du cœur des femmes, qui suffit souvent aux hommes et les empêche de rien chercher dessous. Son cœur battait fort, en effet.

Elle continua :

— Ça m'est arrivé hier dans la journée...
vers quatre heures... ou quatre heures et demie. Je ne sais pas au juste. Tu connais bien
mon appartement, tu sais que mon petit salon, celui où je me tiens toujours, donne sur
la rue Saint-Lazare, au premier; et que j'ai la
manie de me mettre à la fenêtre pour regarder passer les gens. C'est si gai, ce quartier
de la gare, si remuant, si vivant... Enfin,
j'aime ça! Donc hier, j'étais assise sur la chaise
basse que je me suis fait installer dans l'em-
brasure de ma fenêtre; elle était ouverte,
cette fenêtre, et je ne pensais à rien; je respi-
rais l'air bleu. Tu te rappelles comme il faisait
beau, hier!

Tout à coup je remarque que, de l'autre
côté de la rue, il y a aussi une femme à la
fenêtre, une femme en rouge; moi j'étais en
mauve, tu sais, ma jolie toilette mauve. Je ne
la connaissais pas cette femme, une nouvelle
locataire, installée depuis un mois; et comme
il pleut depuis un mois, je ne l'avais point
vue encore. Mais je m'aperçus tout de suite
que c'était une vilaine fille. D'abord je fus
très dégoûtée et très choquée qu'elle fût à la
fenêtre comme moi; et puis, peu à peu, ça
m'amusa de l'examiner. Elle était accoudée,
et elle guettait les hommes, et les hommes
aussi la regardaient, tous ou presque tous. On

aurait dit qu'ils étaient prévenus par quelque chose en approchant de la maison, qu'ils la flairaient comme les chiens flairent le gibier, car ils levaient soudain la tête et échangeaient bien vite un regard avec elle, un regard de franc-maçon. Le sien disait : « Voulez-vous ? »

Le leur répondait : « Pas le temps », ou bien : « Une autre fois », ou bien : « Pas le sou », ou bien : « Veux-tu te cacher, misérable ! » C'étaient les yeux des pères de famille qui disaient cette dernière phrase.

Tu ne te figures pas comme c'était drôle de la voir faire son manège ou plutôt son métier.

Quelquefois elle fermait brusquement la fenêtre et je voyais un monsieur tourner sous la porte. Elle l'avait pris, celui-là, comme un pêcheur à la ligne prend un goujon. Alors je commençais à regarder ma montre. Ils restaient de douze à vingt minutes, jamais plus. Vraiment, elle me passionnait, à la fin, cette araignée. Et puis elle n'était pas laide, cette fille.

Je me demandais : Comment fait-elle pour se faire comprendre si bien, si vite, complètement. Ajoute-t-elle à son regard un signe de tête ou un mouvement de main ?

Et je pris ma lunette de théâtre pour me rendre compte de son procédé. Oh ! il était bien simple : un coup d'œil d'abord, puis un sourire, puis un tout petit geste de tête qui voulait dire « Montez-vous? » Mais si léger, si vague, si discret, qu'il fallait vraiment beaucoup de chic pour le réussir comme elle.

Et je me demandais : Est-ce que je pourrais le faire aussi bien, ce petit coup de bas en haut, hardi et gentil; car il était très gentil, son geste.

Et j'allai l'essayer devant la glace. Ma chère, je le faisais mieux qu'elle, beaucoup mieux! J'étais enchantée; et je revins me mettre à la fenêtre.

Elle ne prenait plus personne, à présent, la pauvre fille, plus personne. Vraiment elle n'avait pas de chance. Comme ça doit être terrible tout de même de gagner son pain de cette façon-là, terrible et amusant quelquefois, car enfin il y en a qui ne sont pas mal, de ces hommes qu'on rencontre dans la rue.

Maintenant ils passaient tous sur mon trottoir et plus un seul sur le sien. Le soleil avait tourné. Ils arrivaient les uns derrière les autres, des jeunes, des vieux, des noirs, des blonds, des gris, des blancs.

J'en voyais de très gentils, mais très gentils, ma chère, bien mieux que mon mari, et que le tien, ton ancien mari, puisque tu es divorcée. Maintenant tu peux choisir.

Je me disais : Si je leur faisais le signe, est-ce qu'ils me comprendraient, moi, moi qui suis une honnête femme? Et voilà que je suis prise d'une envie folle de le leur faire ce signe, mais d'une envie, d'une envie de femme grosse... d'une envie épouvantable, tu sais, de ces envies... auxquelles on ne peut pas résister! J'en ai quelquefois comme ça, moi. Est-ce bête, dis, ces choses-là! Je crois que nous avons des âmes de singes, nous autres femmes. On m'a affirmé du reste (c'est un médecin qui m'a dit ça) que le cerveau du singe ressemblait beaucoup au nôtre. Il faut toujours que nous imitions quelqu'un. Nous imitons nos maris, quand nous les aimons, dans le premier mois des noces, et puis nos amants ensuite, nos amies, nos confesseurs quand ils sont bien. Nous prenons leurs manières de penser, leurs manières de dire, leurs mots, leurs gestes, tout. C'est stupide.

Enfin, moi quand je suis trop tentée de faire une chose, je la fais toujours.

Je me dis donc : Voyons, je vais essayer sur un, sur un seul, pour voir. Qu'est-ce qui peut m'arriver? Rien! Nous échangerons un sourire, et voilà tout, et je ne le reverrai jamais; et si je le vois il ne me reconnaîtra pas; et s'il me reconnaît je nierai, parbleu.

Je commence donc à choisir. J'en voulais

un qui fût bien, très bien. Tout à coup je vois venir un grand blond, très joli garçon. J'aime les blonds, tu sais.

Je le regarde. Il me regarde. Je souris, il sourit; je fais le geste; oh! à peine, à peine; il répond «oui» de la tête et le voilà qui entre, ma chérie! Il entre par la grande porte de la maison.

Tu ne te figures pas ce qui s'est passé en moi à ce moment-là! J'ai cru que j'allais devenir folle. Oh! quelle peur! Songe, il allait parler aux domestiques! A Joseph qui est tout dévoué à mon mari! Joseph aurait cru certainement que je connaissais ce monsieur depuis longtemps.

Que faire? dis? Que faire? Et il allait sonner tout à l'heure, dans une seconde. Que faire, dis? J'ai pensé que le mieux était de courir à sa rencontre, de lui dire qu'il se trompait, de le supplier de s'en aller. Il aurait pitié d'une femme, d'une pauvre femme! Je me précipite donc à la porte et je l'ouvre juste au moment où il posait la main sur le timbre.

Je balbutiai, tout à fait folle : « Allez-vous-en, monsieur, allez-vous-en, vous vous trompez, je suis une honnête femme, une femme mariée. C'est une erreur, une affreuse erreur; je vous ai pris pour un de mes amis à qui

8

vous ressemblez beaucoup. Ayez pitié de moi, monsieur. »

Et voilà qu'il se met à rire, ma chère, et il répond : « Bonjour, ma chatte. Tu sais, je la connais, ton histoire. Tu es mariée, c'est deux louis au lieu d'un. Tu les auras. Allons montre-moi la route. »

Et il me pousse; il referme la porte, et comme je demeurais, épouvantée, en face de lui, il m'embrasse, me prend par la taille et me fait rentrer dans le salon qui était resté ouvert.

Et puis, il se met à regarder tout comme un commissaire-priseur, et il reprend : « Bigre, c'est gentil, chez toi, c'est très chic. Faut que tu sois rudement dans la dèche en ce moment-ci pour faire la fenêtre! »

Alors, moi, je recommence à le supplier : « Oh! monsieur, allez-vous-en! allez-vous-en! Mon mari va rentrer! Il va rentrer dans un instant, c'est son heure! Je vous jure que vous vous trompez! »

Et il me répond tranquillement : « Allons, ma belle, assez de manières comme ça. Si ton mari rentre, je lui donnerai cent sous pour aller prendre quelque chose en face. »

Comme il aperçoit sur la cheminée la photographie de Raoul, il me demande :

— C'est ça, ton... ton mari?

— Oui, c'est lui.

— Il a l'air d'un joli mufle. Et ça, qu'est-ce que c'est? Une de tes amies?

C'était ta photographie, ma chère, tu sais celle en toilette de bal. Je ne savais plus ce que je disais, je balbutiai :

— Oui, c'est une de mes amies.

— Elle est très gentille. Tu me la feras connaître.

Et voilà la pendule qui se met à sonner cinq heures; et Raoul rentre tous les jours à cinq heures et demie! S'il revenait avant que l'autre fût parti, songe donc! Alors... alors... j'ai perdu la tête... tout à fait... j'ai pensé... j'ai pensé... que... que le mieux... était de... de... de... me débarrasser de cet homme le... le plus vite possible... Plus tôt ce serait fini... tu comprends... et... et voilà... voilà... puisqu'il le fallait... et il le fallait, ma chère... il ne serait pas parti sans ça... Donc j'ai... j'ai... j'ai mis le verrou à la porte du salon... Voilà.

La petite marquise de Rennedon s'était mise à rire, mais à rire follement, la tête dans l'oreiller, secouant son lit tout entier.

Quand elle se fut un peu calmée, elle demanda :

— Et... et... il était joli garçon...

— Mais oui.

— Et tu te plains?

— Mais... mais... vois-tu, ma chère, c'est
que... il a dit... qu'il reviendrait demain...
à la même heure... et j'ai... j'ai une peur
atroce... Tu n'as pas idée comme il est tenace... et volontaire... Que faire... dis... que
faire?

La petite marquise s'assit dans son lit pour
réfléchir; puis elle déclara brusquement:

— Fais-le arrêter.

La petite baronne fut stupéfaite. Elle balbutia :

— Comment? Tu dis? A quoi penses-tu?
Le faire arrêter? Sous quel prétexte?

— Oh! c'est bien simple. Tu vas aller
chez le commissaire; tu lui diras qu'un monsieur te suit depuis trois mois; qu'il a eu l'in-
solence de monter chez toi hier; qu'il t'a me-
nacée d'une nouvelle visite pour demain, et
que tu demandes protection à la loi. On te
donnera deux agents qui l'arrêteront.

— Mais, ma chère, s'il raconte...

— Mais on ne le croira pas, sotte, du moment que tu auras bien arrangé ton histoire
au commissaire. Et on te croira, toi, qui es
une femme du monde irréprochable.

— Oh! je n'oserai jamais.

— Il faut oser, ma chère, ou bien tu es
perdue.

— Songe qu'il va... qu'il va m'insulter...
quand on l'arrêtera.

— Eh bien, tu auras des témoins et tu le
feras condamner.

— Condamner à quoi?

— A des dommages. Dans ce cas, il faut
être impitoyable!

— Ah! à propos de dommages..., il y a
une chose qui me gêne beaucoup..., mais
beaucoup... Il m'a laissé... deux louis... sur
la cheminée.

— Deux louis?

— Oui.

— Pas plus?

— Non.

— C'est peu. Ça m'aurait humiliée, moi.
Eh bien?

— Eh bien! qu'est-ce qu'il faut faire de
cet argent?

La petite marquise hésita quelques secondes,
puis répondit d'une voix sérieuse :

— Ma chère... Il faut faire... il faut faire...
un petit cadeau à ton mari... ça n'est que
justice.

Le Signe a paru dans *le Gil-Blas* du mardi 17 avril
1886.

LE DIABLE

LE DIABLE.

LE paysan restait debout en face du médecin, devant le lit de la mourante. La vieille, calme, résignée, lucide, regardait les deux hommes et les écoutait causer. Elle allait mourir; elle ne se révoltait pas, son temps était fini, elle avait quatre-vingt-douze ans.

Par la fenêtre et la porte ouvertes, le soleil de juillet entrait à flots, jetait sa flamme chaude sur le sol de terre brune, onduleux et battu par les sabots de quatre générations de rustres. Les odeurs des champs venaient aussi, poussées par la brise cuisante, odeurs des herbes, des blés, des feuilles, brûlés sous la chaleur de midi. Les sauterelles s'égosillaient, emplissaient la campagne d'un crépitement clair, pareil au bruit des criquets

de bois qu'on vend aux enfants dans les
foires.

Le médecin, élevant la voix, disait :

— Honoré, vous ne pouvez pas laisser
votre mère toute seule dans cet état-là. Elle
passera d'un moment à l'autre!

Et le paysan, désolé, répétait :.

— Faut pourtant que j'rentre mon blé;
v'là trop longtemps qu'il est à terre. L'temps
est bon, justement. Qué qu' t'en dis, ma mé?

Et la vieille mourante, tenaillée encore par
l'avarice normande, faisait «oui» de l'œil et
du front, engageait son fils à rentrer son blé
et à la laisser mourir toute seule.

Mais le médecin se fâcha et, tapant du
pied :

— Vous n'êtes qu'une brute, entendez-
vous, et je ne vous permettrai pas de faire ça,
entendez-vous! Et, si vous êtes forcé de rentrer votre blé aujourd'hui même, allez chercher la Rapet, parbleu! et faites-lui garder
votre mère. Je le veux, entendez-vous! Et si
vous ne m'obéissez pas, je vous laisserai crever comme un chien, quand vous serez malade à votre tour, entendez-vous?

Le paysan, un grand maigre, aux gestes
lents, torturé par l'indécision, par la peur du
médecin et par l'amour féroce de l'épargne,
hésitait, calculait, balbutiait :

— Comben qu'é prend, la Rapet, pour une garde?

Le médecin criait :

— Est-ce que je sais, moi? Ça dépend du temps que vous lui demanderez. Arrangez-vous avec elle, morbleu! Mais je veux qu'elle soit ici dans une heure, entendez-vous?

L'homme se décida :

— J'y vas, j'y vas; vous fâchez point, m'sieu l'médecin.

Et le docteur s'en alla, en appelant :

— Vous savez, vous savez, prenez garde, car je ne badine pas quand je me fâche, moi!

Dès qu'il fut seul, le paysan se tourna vers sa mère, et, d'une voix résignée :

— J'vas quéri la Rapet, pisqu'il veut, c't homme. T'éluge point tant qu' je r'vienne.

Et il sortit à son tour.

La Rapet, une vieille repasseuse, gardait les morts et les mourants de la commune et des environs. Puis, dès qu'elle avait cousu ses clients dans le drap dont ils ne devaient plus sortir, elle revenait prendre son fer dont elle frottait le linge des vivants. Ridée comme une pomme de l'autre année, méchante, ja-louse, avare d'une avarice tenant du phéno-mène, courbée en deux comme si elle eût été cassée aux reins par l'éternel mouvement du fer promené sur les toiles, on eût dit qu'elle avait pour l'agonie une sorte d'amour monstrueux et cynique. Elle ne parlait jamais que des gens qu'elle avait vus mourir, de toutes les variétés de trépas auxquelles elle avait assisté; et elle les racontait avec une grande minutie de détails toujours pareils, comme un chasseur raconte ses coups de fusil.

Quand Honoré Bontemps entra chez elle, il la trouva préparant de l'eau bleue pour les collerettes des villageoises.

Il dit :

— Allons, bonsoir; ça va-t-il comme vous voulez, la mé Rapet?

Elle tourna vers lui la tête :

— Tout d'même, tout d'même. Et d' vot' part?

— Oh! d' ma part, ça va-t-à volonté, mais c'est ma mé qui n'va point.

— Vot' mé?

— Oui, ma mé!

— Qué qu'alle a votre mé?

— All' a qu'a va tourner d' l'œil!

La vieille femme retira ses mains de l'eau, dont les gouttes, bleuâtres et transparentes, lui glissaient jusqu'au bout des doigts, pour retomber dans le baquet.

Elle demanda, avec une sympathie subite :

— All' est si bas qu' ça?

— L' médecin dit qu'all' n'passera point
la r'levée.

— Pour sûr qu'all est bas alors!

Honoré hésita. Il lui fallait quelques préam-
bules pour la proposition qu'il préparait.
Mais, comme il ne trouvait rien, il se décida
tout d'un coup :

— Comben qu'vous m'prendrez pour la
garder jusqu'au bout? Vô savez que j'sommes
point riche. J'peux seulement point m'payer
eune servante. C'est ben ça qui l'a mise là,
ma pauv' mé, trop d'élugement, trop d'fatigue! A travaillait comme dix, nonobstant
ses quatre-vingt-douze. On n'en fait pu de
c'te graine-là!...

La Rapet répliqua gravement :

— Y a deux prix : quarante sous l'jour,
et trois francs la nuit pour les riches. Vingt
sous l'jour et quarante la nuit pour l'zautres.
Vô m'donnerez vingt et quarante.

Mais le paysan réfléchissait. Il la connaissait
bien, sa mère. Il savait comme elle était
tenace, vigoureuse, résistante. Ça pouvait
durer huit jours, malgré l'avis du médecin.

Il dit résolument :

— Non. J'aime ben qu'vô me fassiez un
prix, là, un prix pour jusqu'au bout. J'cour-
rons la chance d'part et d'autre. L'médecin
dit qu'alle passera tantôt. Si ça s'fait tant

mieux pour vous, tant pis pour mé. Ma si all' tient jusqu'à demain ou pu longtemps tant mieux pour mé, tant pis pour vous!

La garde, surprise, regardait l'homme. Elle n'avait jamais traité un trépas à forfait. Elle hésitait, tentée par l'idée d'une chance à courir. Puis elle soupçonna qu'on voulait la jouer.

— J'peux rien dire tant qu' j'aurai point vu vot' mé, répondit-elle.

— V'nez-y, la vé.

Elle essuya ses mains et le suivit aussitôt.

En route, ils ne parlèrent point. Elle allait d'un pied pressé, tandis qu'il allongeait ses grandes jambes comme s'il devait, à chaque pas, traverser un ruisseau.

Les vaches couchées dans les champs, accablées par la chaleur, levaient lourdement la tête et poussaient un faible meuglement vers ces deux gens qui passaient, pour leur demander de l'herbe fraîche.

En approchant de sa maison, Honoré Bontemps murmura:

— Si c'était fini, tout d'même?

Et le désir inconscient qu'il en avait se manifesta dans le son de sa voix.

Mais la vieille n'était point morte. Elle demeurait sur le dos, en son grabat, les mains sur la couverture d'indienne violette, des mains affreusement maigres, nouées, pareilles à des bêtes étranges, à des crabes, et fermées par les rhumatismes, les fatigues, les besognes presque séculaires qu'elles avaient accomplies.

La Rapet s'approcha du lit et considéra la mourante. Elle lui tâta le pouls, lui palpa la poitrine, l'écouta respirer, la questionna pour l'entendre parler; puis l'ayant encore longtemps contemplée, elle sortit suivie d'Honoré. Son opinion était assise. La vieille n'irait pas à la nuit. Il demanda :

— Hé ben.

La garde répondit :

— Hé ben, ça durera deux jours, p'têt' trois. Vous me donnerez six francs, tout compris.

Il s'écria :

— Six francs! six francs! Avez-vous perdu le sens? Mé, je vous dis qu'elle en a pour cinq ou six heures, pas plus!

Et ils discutèrent longtemps, acharnés tous deux. Comme la garde allait se retirer, comme le temps passait, comme son blé ne se rentrerait pas tout seul, à la fin, il consentit :

— Eh ben, c'est dit, six francs, tout compris, jusqu'à la l'vée du corps.

— C'est dit, six francs.

Et il s'en alla, à longs pas, vers son blé couché sur le sol, sous le lourd soleil qui mûrit les moissons.

La garde rentra dans la maison.

Elle avait apporté de l'ouvrage, car auprès des mourants et des morts elle travaillait sans relâche, tantôt pour elle, tantôt pour la famille qui l'employait à cette double besogne moyennant un supplément de salaire.

Tout à coup, elle demanda :

— Vous a-t-on administrée au moins, la mé Bontemps?

La paysanne fit « non » de la tête; et la Rapet, qui était dévote, se leva avec vivacité.

— Seigneur Dieu, c'est-il possible? J'vas quérir m'sieur l'curé.

Et elle se précipita vers le presbytère, si vite, que les gamins, sur la place, la voyant trotter ainsi, crurent un malheur arrivé.

Le prêtre s'en vint aussitôt, en surplis, précédé de l'enfant de chœur qui sonnait une clochette pour annoncer le passage de Dieu dans la campagne brûlante et calme. Des hommes, qui travaillaient au loin, ôtaient leurs grands chapeaux et demeuraient immobiles en attendant que le blanc vêtement eût disparu derrière une ferme; les femmes qui ramassaient les gerbes se redressaient pour faire le signe de la croix, des poules noires, effrayées, fuyaient le long des fossés en se balançant sur leurs pattes jusqu'au trou, bien connu d'elles, où elles disparaissaient brusquement; un poulain, attaché dans un pré, prit peur à la vue du surplis et se mit à tourner en rond, au bout de sa corde, en lançant des ruades. L'enfant de chœur, en jupe rouge, allait vite; et le prêtre, la tête inclinée sur une épaule et coiffé de sa barrette carrée, le suivait en murmurant des prières; et la Rapet venait derrière, toute penchée, pliée en deux, comme pour se prosterner en marchant, et les mains jointes, comme à l'église.

Honoré, de loin, les vit passer. Il demanda :

— Ousqu'i va, not' curé?

Son valet, plus subtil, répondit :

— I porte l'bon Dieu à ta mé, pardi!

Le paysan ne s'étonna pas :

— Ça s'peut ben, tout d'même!

Et il se remit au travail.

La mère Bontemps se confessa, reçut l'absolution, communia; et le prêtre s'en revint, laissant seules les deux femmes dans la chaumière étouffante.

Alors la Rapet commença à considérer la mourante, en se demandant si cela durerait longtemps.

Le jour baissait; l'air plus frais entrait par souffles plus vifs, faisait voltiger contre le mur une image d'Épinal tenue par deux épingles; les petits rideaux de la fenêtre, jadis blancs, jaunes maintenant et couverts de taches de mouche, avaient l'air de s'envoler, de se dé- battre, de vouloir partir, comme l'âme de la vieille.

Elle, immobile, les yeux ouverts, semblait attendre avec indifférence la mort si proche qui tardait à venir. Son haleine, courte, sif- flait un peu dans sa gorge serrée. Elle s'arrête- rait tout à l'heure, et il y aurait sur la terre une femme de moins, que personne ne re- gretterait.

A la nuit tombante, Honoré rentra. S'étant approché du lit, il vit que sa mère vivait encore, et il demanda :

— Ça va-t-il?

Comme il faisait autrefois quand elle était indisposée.

Puis il renvoya la Rapet en lui recomman- dant :

— D'main, cinq heures, sans faute.

Elle répondit :

— D'main, cinq heures.

Elle arriva, en effet, au jour levant.

Honoré, avant de se rendre aux terres, mangeait sa soupe, qu'il avait faite lui-même.

La garde demanda :

— Eh ben, vot'mé a-t-all' passé?

Il répondit, avec un pli malin au coin des yeux :

— All'va plutôt mieux.

Et il s'en alla.

La Rapet, saisie d'inquiétude, s'approcha de l'agonisante, qui demeurait dans le même état, oppressée et impassible, l'œil ouvert et les mains crispées sur sa couverture.

Et la garde comprit que cela pouvait durer deux jours, quatre jours, huit jours ainsi; et une épouvante étreignit son cœur d'avare, tandis qu'une colère furieuse la soulevait contre ce finaud qui l'avait jouée et contre cette femme qui ne mourait pas.

Elle se mit au travail néanmoins et attendit, le regard fixé sur la face ridée de la mère Bontemps.

Honoré revint pour déjeuner; il semblait content, presque goguenard; puis il repartit. Il rentrait son blé, décidément, dans des conditions excellentes.

La Rapet s'exaspérait; chaque minute écoulée lui semblait, maintenant, du temps volé, de l'argent volé. Elle avait envie, une envie folle de prendre par le cou cette vieille bourrique, cette vieille têtue, cette vieille obstinée, et d'arrêter, en serrant un peu, ce petit souffle rapide qui lui volait son temps et son argent.

Puis elle réfléchit au danger; et, d'autres idées lui passant par la tête, elle se rapprocha du lit.

Elle demanda :

— Vos avez-t-il déjà vu l'Diable?

La mère Bontemps murmura :

— Non.

Alors la garde se mit à causer, à lui conter des histoires pour terroriser son âme débile de mourante.

Quelques minutes avant qu'on expirât, le Diable apparaissait, disait-elle, à tous les agonisants. Il avait un balai à la main, une marmite sur la tête, et il poussait de grands cris. Quand on l'avait vu, c'était fini, on n'en avait plus que pour peu d'instants. Et elle énumérait tous ceux à qui le Diable était apparu devant elle, cette année-là : Joséphin Loisel, Eulalie Ratier, Sophie Padagnau, Séraphine Grospied

La mère Bontemps, émue enfin, s'agitait, remuait les mains, essayait de tourner la tête pour regarder au fond de la chambre.

Soudain la Rapet disparut au pied du lit. Dans l'armoire, elle prit un drap et s'enveloppa dedans; elle se coiffa de la marmite,

dont les trois pieds courts et courbés se dres-
saient ainsi que trois cornes; elle saisit un balai
de sa main droite, et, de la main gauche, un
seau de fer-blanc, qu'elle jeta brusquement
en l'air pour qu'il retombât avec bruit.

Il fit, en heurtant le sol, un fracas épouvantable; alors, grimpée sur une chaise, la
garde souleva le rideau qui pendait au bout
du lit, et elle apparut, gesticulant, poussant
des clameurs aiguës au fond du pot de fer
qui lui cachait la face, et menaçant de son
balai, comme un diable de guignol, la vieille
paysanne à bout de vie.

Éperdue, le regard fou, la mourante fit un
effort surhumain pour se soulever et s'enfuir;
elle sortit même de sa couche ses épaules et
sa poitrine; puis elle retomba avec un grand
soupir. C'était fini.

Et la Rapet, tranquillement, remit en place
tous les objets, le balai au coin de l'armoire,
le drap dedans, la marmite sur le foyer, le
seau sur la planche et la chaise contre le mur.
Puis, avec les gestes professionnels, elle ferma
les yeux énormes de la morte, posa sur le lit
une assiette, versa dedans l'eau du bénitier,
y trempa le buis cloué sur la commode et,
s'agenouillant, se mit à réciter avec ferveur
les prières des trépassés qu'elle savait par
cœur, par métier.

Et quand Honoré rentra, le soir venu, il la trouva priant, et il calcula tout de suite qu'elle gagnait encore vingt sous sur lui, car elle n'avait passé que trois jours et une nuit, ce qui faisait en tout cinq francs, au lieu de six qu'il lui devait.

Le Diable a paru dans *le Gaulois* du lundi 5 août 1886.

LES ROIS

LES ROIS.

AH! dit le capitaine comte de Garens, je crois bien que je me le rappelle, ce souper des Rois, pendant la guerre!

J'étais alors maréchal des logis de hussards, et depuis quinze jours rôdant en éclaireur en face d'une avant-garde allemande. La veille, nous avions sabré quelques uhlans et perdu trois hommes, dont ce pauvre petit Raudeville. Vous vous rappelez bien, Joseph de Raudeville.

Or, ce jour-là, mon capitaine m'ordonna de prendre dix cavaliers et d'aller occuper et de garder toute la nuit le village de Porterin, où l'on s'était battu cinq fois en trois semaines. Il ne restait pas vingt maisons debout ni douze habitants dans ce guêpier.

Je pris donc dix cavaliers et je partis vers

quatre heures. A cinq heures, en pleine
nuit, nous atteignîmes les premiers murs de
Porterin. Je fis halte et j'ordonnai à Marchas, vous savez bien, Pierre de Marchas
qui a épousé depuis la petite Martel-Auvelin,
la fille du marquis de Martel-Auvelin, d'entrer tout seul dans le village et de m'apporter
des nouvelles.

Je n'avais choisi que des volontaires, tous
de bonne famille. Ça fait plaisir, dans le
service, de ne pas tutoyer des mufles. Ce
Marchas était dégourdi comme pas un, fin
comme un renard et souple comme un serpent. Il savait éventer des Prussiens ainsi
qu'un chien évente un lièvre, trouver des
vivres là où nous serions morts de faim sans
lui, et il obtenait des renseignements de tout
le monde, des renseignements toujours sûrs,
avec une adresse inimaginable.

Il revint au bout de dix minutes :

— Ça va bien, dit-il ; aucun Prussien n'a
passé par ici depuis trois jours. Il est sinistre,
ce village. J'ai causé avec une bonne sœur
qui garde quatre ou cinq malades dans un
couvent abandonné.

J'ordonnai d'aller de l'avant, et nous péné-
trâmes dans la rue principale. On apercevait
vaguement à droite, à gauche, des murs
sans toit, à peine visibles dans la nuit pro-

fonde. De place en place, une lumière brillait
derrière une vitre : une famille était restée
pour garder sa demeure à peu près debout,
une famille de braves. ou de pauvres. La
pluie commençait à tomber, une pluie
menue, glacée, qui nous gelait avant de
nous avoir mouillés, rien qu'en touchant les
manteaux. Les chevaux trébuchaient sur des
pierres, sur des poutres, sur des meubles.
Marchas nous guidait, à pied, devant nous,
et traînant sa bête par la bride.

— Où nous mènes-tu ? lui demandai-je.

Il répondit :

— J'ai un gîte, un bon.

Et il s'arrêta bientôt devant une petite
maison bourgeoise demeurée entière, bien
close, bâtie sur la rue, avec un jardin derrière.

Au moyen d'un gros caillou ramassé près
de la grille, Marchas fit sauter la serrure,
puis il gravit le perron, défonça la porte
d'entrée à coups de pied et à coups d'épaule,
alluma un bout de bougie qu'il avait toujours
en poche, et nous précéda dans un bon et
confortable logis de particulier riche, en
nous guidant avec assurance, avec une assurance admirable, comme s'il avait vécu dans
cette maison qu'il voyait pour la première
fois.

Deux hommes restés dehors gardaient nos chevaux.

Marchas dit au gros Ponderel, qui le suivait :

— Les écuries doivent être à gauche ; j'ai vu ça en entrant ; va donc y loger les bêtes, dont nous n'avons pas besoin.

Puis, se tournant vers moi :

— Donne des ordres, sacrebleu !

Il m'étonnait toujours, ce gaillard-là. Je répondis en riant :

— Je vais placer mes sentinelles aux abords du pays. Je te retrouverai ici.

Il demanda :

— Combien prends-tu d'hommes ?

— Cinq. Les autres les relèveront à dix heures du soir.

— Bon. Tu m'en laisses quatre pour faire les provisions, la cuisine, et mettre la table. Moi, je trouverai la cachette au vin.

Et je m'en allai reconnaître les rues désertes jusqu'à la sortie sur la plaine, pour y placer mes factionnaires.

Une demi-heure plus tard, j'étais de retour. Je trouvai Marchas étendu dans un grand fauteuil Voltaire, dont il avait ôté la housse, par amour du luxe, disait-il. Il se chauffait les pieds au feu, en fumant un cigare excellent dont le parfum emplissait la

pièce. Il était seul, les coudes sur les bras du
siège, la tête entre les épaules, les joues
roses, l'œil brillant, l'air enchanté.

Dans la pièce voisine, j'entendais un bruit
de vaisselle. Marchas me dit en souriant
d'une façon béate :

— Ça va, j'ai trouvé le bordeaux dans le
poulailler, le champagne sous les marches du
perron, l'eau-de-vie, — cinquante bouteilles
de vraie fine — dans le potager, sous un
poirier qui, vu à la lanterne, ne m'a pas
semblé droit. Comme solide, nous avons
deux poules, une oie, un canard, trois pigeons et un merle cueilli dans une cage, rien
que de la plume, comme tu vois. Tout ça
cuit en ce moment. Ce pays est excellent.

Je m'étais assis en face de lui. La flamme
de la cheminée me grillait le nez et les
joues :

— Où as-tu trouvé ce bois-là ? demandai-je.

Il murmura :

— Bois magnifique, voiture de maître,
coupé. C'est la peinture qui donne cette
flambée, un punch d'essence et de vernis.
Bonne maison !

Je riais, tant je le trouvais drôle, l'animal.
Il reprit :

— Dire que c'est jour des Rois! J'ai fait

mettre une fève dans l'oie ; mais pas de reine ;
c'est embêtant, ça !

Je répétai, comme un écho :

— C'est embêtant ; mais que veux-tu que
j'y fasse, moi ?

— Que tu en trouves, parbleu !

— De quoi ?

— Des femmes.

— Des femmes ?... Tu es fou !

— J'ai bien trouvé l'eau-de-vie sous un
poirier, moi, et le champagne sous les
marches du perron ; et rien ne pouvait me
guider encore. — Tandis que, pour toi, une
jupe c'est un indice certain. Cherche, mon
vieux.

Il avait l'air si grave, si sérieux, si con-
vaincu que je ne savais plus s'il plaisantait.

Je répondis :

— Voyons, Marchas, tu blagues ?

— Je ne blague jamais dans le service.

— Mais où diable veux-tu que j'en trouve,
des femmes ?

— Où tu voudras. Il doit en rester deux
ou trois dans le pays. Déniche et apporte.

Je me levai. Il faisait trop chaud devant ce
feu. Marchas reprit :

— Veux-tu une idée ?

— Oui.

— Va trouver le curé.

— Le curé ? Pourquoi faire ?

— Invite-le à souper et prie-le d'amener
une femme.

— Le curé ! Une femme ! Ah ! ah ! ah !

Marchas reprit avec une extraordinaire
gravité :

— Je ne ris pas. Va trouver le curé,
raconte-lui notre situation. Il doit s'embêter
affreusement, il viendra. Mais dis-lui qu'il
nous faut une femme au minimum, une
femme comme il faut, bien entendu, puisque
nous sommes tous des hommes du monde.
Il doit connaître ses paroissiennes sur le bout
du doigt. S'il y en a une possible pour nous,
et si tu t'y prends bien, il te l'indiquera.

— Voyons, Marchas ? A quoi penses-tu ?

— Mon cher Garens, tu peux faire ça très
bien. Ce serait même très drôle. Nous savons
vivre, parbleu, et nous serons d'une dis-
tinction parfaite, d'un chic extrême. Nomme-
nous à l'abbé, fais-le rire, attendris-le, séduis-
le et décide-le !

— Non, c'est impossible.

Il rapprocha son fauteuil et, comme il
connaissait mes côtés faibles, le gredin reprit :

— Songe donc comme ce serait crâne à
faire et amusant à raconter. On en parlerait
dans toute l'armée. Ça te ferait une rude ré-
putation.

J'hésitais, tenté par l'aventure. Il insista :

— Allons, mon petit Garens. Tu es chef de détachement, toi seul peux aller trouver le chef de l'Église en ce pays. Je t'en prie, vas-y. Je raconterai la chose en vers, dans la *Revue des Deux-Mondes*, après la guerre, je te le promets. Tu dois bien ça à tes hommes. Tu les fais assez marcher depuis un mois.

Je me levai en demandant :

— Où est le presbytère?

— Tu prends la seconde rue à gauche. Au bout, tu trouveras une avenue; et, au bout de l'avenue, l'église. Le presbytère est à côté.

Je sortais; il me cria :

— Dis-lui le menu pour lui donner faim !

Je découvris sans peine la petite maison de l'ecclésiastique, à côté d'une grande vilaine église de briques. Je frappai à coups de poing dans la porte, qui n'avait ni sonnette ni marteau, et une voix forte demanda de l'intérieur :

— Qui va là?

Je répondis :

— Maréchal des logis de hussards.

J'entendis un bruit de verrous et de clef tournée, et je me trouvai en face d'un grand

prêtre à gros ventre, avec une poitrine de
lutteur, des mains formidables sortant de
manches retroussées, un teint rouge et un air
brave homme.

Je fis le salut militaire.

— Bonjour, monsieur le curé.

Il avait craint une surprise, une embûche
de rôdeurs, et il sourit en répondant :

— Bonjour, mon ami; entrez.

Je le suivis dans une petite chambre à
pavés rouges, où brûlait un maigre feu, bien
différent du brasier de Marchas.

Il me montra une chaise, et puis me dit :

— Qu'y a-t-il pour votre service?

— Monsieur l'abbé, permettez-moi d'abord
de me présenter.

Et je lui tendis ma carte.

Il la reçut et lut à mi-voix :

«Le comte de Garens.»

Je repris :

— Nous sommes ici onze, monsieur l'abbé,
cinq en grand'garde et six installés chez un
habitant inconnu. Ces six-là se nomment
Garens, ici présent, Pierre de Marchas,
Ludovic de Ponderel, le baron d'Étreillis,
Karl Massouligny, le fils du peintre, et Joseph
Herbon, un jeune musicien. Je viens, en
leur nom et au mien, vous prier de nous
faire l'honneur de souper avec nous. C'est un

souper des Rois, monsieur le curé, et nous voudrions le rendre un peu gai.

Le prêtre souriait. Il murmura :

— Il me semble que ce n'est guère l'occasion de s'amuser.

Je répondis :

— Nous nous battons tous les jours, monsieur. Quatorze de nos camarades sont morts depuis un mois, et trois sont restés par terre, hier encore. C'est la guerre. Nous jouons notre vie à tout instant, n'avons-nous pas le droit de la jouer gaiement? Nous sommes Français, nous aimons rire, nous savons rire partout. Nos pères riaient bien sur l'échafaud! Ce soir, nous voudrions nous dégourdir un peu, en gens comme il faut, et non pas en soudards, vous me comprenez. Avons-nous tort?

Il répondit vivement :

— Vous avez raison, mon ami, et j'accepte avec grand plaisir votre invitation.

Il cria :

— Hermance!

Une vieille paysanne, tordue, ridée, horrible, apparut et demanda :

— Qué qui a?

— Je ne dîne pas ici, ma fille.

— Où que vous dînez donc?

— Avec MM. les hussards.

J'eus envie de dire : «Amenez votre bonne, pour voir la tête de Marchas», mais je n'osai point.

Je repris :

— Parmi vos paroissiens restés dans le village, en voyez-vous quelqu'un ou quelqu'une que je puisse inviter aussi?

Il hésita, chercha et déclara :

— Non, personne!

J'insistai :

— Personne!... Voyons, monsieur le curé, cherchez. Ce serait très galant d'avoir des dames. Je m'entends, des ménages! Est-ce que je sais, moi? Le boulanger avec sa femme, l'épicier, le... le... le... l'horloger... le... le cordonnier... le... le pharmacien avec la pharmacienne... Nous avons un bon repas, du vin, et serions enchantés de laisser un bon souvenir aux gens d'ici.

Le curé médita longtemps encore, puis prononça avec résolution :

— Non, personne.

Je me mis à rire :

— Sacristi! monsieur le curé, c'est ennuyeux de n'avoir pas une reine, car nous avons une fève. Voyons, cherchez. Il n'y a pas un maire marié, un adjoint marié, un conseiller municipal marié, un instituteur marié?...

— Non, toutes les dames sont parties.

— Quoi, il n'y a pas dans tout le pays une brave bourgeoise avec son bourgeois de mari, à qui nous pourrions faire ce plaisir, car ce serait un plaisir pour eux, un grand, dans les circonstances présentes?

Mais tout à coup le curé se mit à rire, d'un rire violent qui le secouait tout entier, et il criait :

— Ah! ah! ah! j'ai votre affaire, Jésus, Marie, j'ai votre affaire! Ah! ah! ah! nous allons rire, mes enfants, nous allons rire. Et elles seront bien contentes, allez, bien contentes, ah! ah!... Où gîtez-vous?

J'expliquai la maison en la décrivant. Il comprit :

— Très bien. C'est la propriété de M. Bertin-Lavaille. J'y serai dans une demi-heure avec quatre dames!!! Ah! ah! ah! quatre dames!!!...

Il sortit avec moi, riant toujours, et me quitta, en répétant :

— Ça va; dans une demi-heure, maison Bertin-Lavaille.

Je rentrai vite, très étonné, très intrigué.

— Combien de couverts? demanda Marchas en m'apercevant.

— Onze. Nous sommes six hussards plus M. le curé et quatre dames.

Il fut stupéfait. Je triomphais.

Il répétait :

— Quatre dames! Tu dis : quatre dames?

— Je dis : quatre dames.

— De vraies femmes?

— De vraies femmes.

— Bigre! Mes compliments!

— Je les accepte. Je les mérite.

Il quitta son fauteuil, ouvrit la porte et j'aperçus une belle nappe blanche jetée sur une longue table autour de laquelle trois hussards en tablier bleu disposaient des assiettes et des verres.

— Il y aura des femmes! cria Marchas.

Et les trois hommes se mirent à danser en applaudissant de toute leur force.

Tout était prêt. Nous attendions. Nous attendîmes près d'une heure. Une odeur délicieuse de volailles rôties flottait dans toute la maison.

Un coup frappé contre le volet nous souleva tous en même temps. Le gros Ponderel courut ouvrir, et, au bout d'une minute à peine, une petite bonne Sœur apparut dans l'encadrement de la porte. Elle était maigre, ridée, timide, et saluait coup sur coup les quatre hussards effarés qui la regardaient entrer. Derrière elle, un bruit de bâtons martelait le pavé du vestibule, et dès qu'elle eut pénétré dans le salon, j'aperçus, l'une suivant l'autre, trois vieilles têtes en bonnet blanc, qui s'en venaient en se balançant avec des mouvements différents, l'une chavirant à droite, tandis que l'autre chavirait à gauche. Et, trois bonnes femmes se présentèrent, boitant, traînant la jambe, estropiées par les maladies et déformées par la vieillesse, trois infirmes hors de service, les trois seules pensionnaires capables de marcher encore de l'établissement hospitalier que dirigeait la Sœur Saint-Benoît.

Elle s'était retournée vers ses invalides, pleine de sollicitude pour elles; puis, voyant mes galons de maréchal des logis, elle me dit :

— Je vous remercie bien, monsieur l'officier, d'avoir pensé à ces pauvres femmes. Elles ont bien peu de plaisir dans la vie, et c'est pour elles en même temps un grand bonheur et un grand honneur que vous leur faites.

J'aperçus le curé, resté dans l'ombre du couloir et qui riait de tout son cœur. A mon tour, je me mis à rire, en regardant surtout la tête de Marchas. Puis montrant des sièges à la religieuse :

— Asseyez-vous, ma Sœur; nous sommes très fiers et très heureux que vous ayez accepté notre modeste invitation.

Elle prit trois chaises contre le mur, les aligna devant le feu, y conduisit ses trois bonnes femmes, les plaça dessus, leur ôta leurs cannes et leurs châles qu'elle alla déposer dans un coin; puis, désignant la première, une maigre à ventre énorme, une hydropique assurément :

— Celle-là est la mère Paumelle, dont le mari s'est tué en tombant d'un toit et dont le fils est mort en Afrique. Elle a soixante-deux ans.

Puis elle désigna la seconde, une grande dont la tête tremblait sans cesse :

— Celle-là est la mère Jean-Jean, âgée de soixante-sept ans. Elle n'y voit plus guère, ayant eu la figure flambée dans un incendie et la jambe droite brûlée à moitié.

Elle nous montra, enfin, la troisième, une espèce de naine, avec des yeux saillants, qui roulaient de tous les côtés, ronds et stupides.

— C'est la Putois, une innocente. Elle est âgée de quarante-quatre ans seulement.

J'avais salué les trois femmes comme si on m'eût présenté à des Altesses Royales, et, me tournant vers le curé :

— Vous êtes, monsieur l'abbé, un homme précieux, à qui nous devrons tous ici de la reconnaissance.

Tout le monde riait, en effet, hormis
Marchas, qui semblait furieux.

— Notre Sœur Saint-Benoît est servie!
cria tout à coup Karl Massouligny.

Je la fis passer devant avec le curé, puis je
soulevai la mère Paumelle, dont je pris le
bras et que je traînai dans la pièce voisine,
non sans peine, car son ventre ballonné semblait plus pesant que du fer.

Le gros Ponderel enleva la mère Jean-
Jean, qui gémissait pour avoir sa béquille;
et le petit Joseph Herbon dirigea l'idiote,
la Putois, vers la salle à manger, pleine
d'odeur de viandes.

Dès que nous fûmes en face de nos as-
siettes, la Sœur tapa trois coups dans ses
mains, et les femmes firent, avec la précision
de soldats qui présentent les armes, un grand
signe de croix rapide. Puis le prêtre prononça, lentement, les paroles latines du
Benedicite.

On s'assit, et les deux poules parurent,
apportées par Marchas, qui voulait servir
pour ne point assister en convive à ce repas
ridicule.

Mais je criai : « Vite le champagne ! » Un
bouchon sauta avec un bruit de pistolet
qu'on décharge, et, malgré la résistance du
curé et de la bonne Sœur, les trois hussards

assis à côté des trois infirmes leur versèrent
de force dans la bouche leurs trois verres
pleins.

Massouligny, qui avait la faculté d'être
chez lui partout et à l'aise avec tout le
monde, faisait la cour à la mère Paumelle
de la façon la plus drôle. L'hydropique, dont
l'humeur était restée gaie, malgré ses mal-
heurs, lui répondait en badinant avec une
voix de fausset qui semblait factice, et elle
riait si fort des plaisanteries de son voisin
que son gros ventre semblait prêt à monter
et à rouler sur la table. Le petit Herbon avait
entrepris sérieusement de griser l'idiote, et
le baron d'Etreillis, qui n'avait pas l'esprit
alerte, interrogeait la Jean-Jean sur la vie,
les habitudes et le règlement de l'hospice.

La religieuse, effarée, criait à Massouligny :

— Oh! oh! vous allez la rendre malade;
ne la faites pas rire comme ça, je vous en
prie, monsieur. Oh! monsieur...

Puis elle se levait et se jetait sur Herbon
pour lui arracher des mains un verre plein
qu'il vidait prestement, entre les lèvres de la
Putois.

Et le curé riait à se tordre, répétait à la
Sœur :

— Laissez donc, pour une fois, ça ne leur
fait pas de mal. Laissez donc.

Après les deux poules, on avait mangé le canard, flanqué des trois pigeons et du merle; et l'oie parut, fumante, dorée, répandant une odeur chaude de viande rissolée et grasse.

La Paumelle, qui s'animait, battit des mains; la Jean-Jean cessa de répondre aux questions nombreuses du baron, et la Putois poussa des grognements de joie, moitié cris et moitié soupirs, comme font les petits enfants à qui on montre des bonbons.

— Permettez-vous, dit le curé, que je me charge de cet animal. Je m'entends comme personne à ces opérations-là.

— Mais certainement, monsieur l'abbé.

Et la Sœur dit :

— Si on ouvrait un peu la fenêtre? Elles ont trop chaud. Je suis sûre qu'elles seront malades.

Je me tournai vers Marchas :

— Ouvre la fenêtre une minute.

Il l'ouvrit, et l'air froid du dehors entra, fit vaciller les flammes des bougies et tournoyer la fumée de l'oie, dont le prêtre, une serviette au cou, soulevait les ailes avec science.

Nous le regardions faire, sans parler maintenant, intéressés par le travail alléchant de ses mains, saisis d'un renouveau d'appétit à la vue de cette grosse bête dorée, dont les

membres tombaient l'un après l'autre dans
la sauce brune, au fond du plat.

Et tout à coup, au milieu de ce silence
gourmand qui nous tenait attentifs, entra,
par la fenêtre ouverte, le bruit lointain d'un
coup de feu.

Je fus debout si vite, que ma chaise roula
derrière moi; et je criai :

— Tout le monde à cheval! Toi, Marchas, tu vas prendre deux hommes et aller
aux nouvelles. Je t'attends ici dans cinq
minutes.

Et pendant que les trois cavaliers s'éloi-
gnaient au galop dans la nuit, je me mis en
selle avec mes deux autres hussards, devant
le perron de la villa, tandis que le curé, la
Sœur et les trois bonnes femmes montraient
aux fenêtres leurs têtes effarées.

On n'entendait plus rien, qu'un aboiement
de chien dans la campagne. La pluie avait
cessé; il faisait froid, très froid. Et bientôt,
je distinguai de nouveau le galop d'un cheval,
d'un seul cheval qui revenait.

C'était Marchas. Je lui criai :

— Eh bien?

Il répondit :

— Rien du tout, François a blessé un
vieux paysan, qui refusait de répondre au :

« Qui vive ? » et qui continuait d'avancer, malgré l'ordre de passer au large. On l'apporte, d'ailleurs. Nous verrons ce que c'est.

J'ordonnai de remettre les chevaux à l'écurie et j'envoyai mes deux soldats audevant des autres, puis je rentrai dans la maison.

Alors le curé, Marchas et moi, nous descendîmes un matelas dans le salon pour y déposer le blessé; la Sœur, déchirant une serviette, se mit à faire de la charpie, tandis que les trois femmes éperdues restaient assises dans un coin.

Bientôt, je distinguai un bruit de sabres traînés sur la route; je pris une bougie pour éclairer les hommes qui revenaient; et ils parurent, portant cette chose inerte, molle, longue et sinistre, que devient un corps humain quand la vie ne le soutient plus.

On déposa le blessé sur le matelas préparé pour lui; et je vis du premier coup d'œil que c'était un moribond.

Il râlait et crachait du sang qui coulait des coins de ses lèvres, chassé de sa bouche à chacun de ses hoquets. L'homme en était couvert! Ses joues, sa barbe, ses cheveux, son cou, ses vêtements, semblaient en avoir été frottés, avoir été baignés dans une cuve rouge. Et ce sang s'était figé sur lui, était devenu terne, mêlé de boue, horrible à voir.

Le vieillard, enveloppé dans une grande limousine de berger, entr'ouvrait par moments ses yeux, mornes, éteints, sans pensée, qui paraissaient stupides d'étonnement, comme ceux des bêtes que le chasseur tue et qui le regardent, tombées à ses pieds, aux trois quarts mortes déjà, abruties par la surprise et par l'épouvante.

Le curé s'écria :

— Ah ! c'est le père Placide, le vieux pasteur des Moulins. Il est sourd, le pauvre, et n'a rien entendu. Ah ! mon Dieu ! vous avez tué ce malheureux !

La Sœur avait écarté la blouse et la chemise, et regardait au milieu de la poitrine un petit trou violet qui ne saignait plus.

— Il n'y a rien à faire, dit-elle.

Le berger, haletant affreusement, crachait toujours du sang avec chacun de ses derniers souffles, et on entendait dans sa gorge, jusqu'au fond de ses poumons, un gargouillement sinistre et continu.

Le curé, debout au-dessus de lui, leva sa main droite, décrivit le signe de la croix et prononça, d'une voix lente et solennelle, les paroles latines qui lavent les âmes.

Avant qu'il les eût achevées, le vieillard

fut agité d'une courte secousse, comme si quelque chose venait de se briser en lui. Il ne respirait plus. Il était mort.

M'étant retourné, je vis un spectacle plus effrayant que l'agonie de ce misérable : les trois vieilles, debout, serrées l'une contre l'autre, hideuses, grimaçaient d'angoisse et d'horreur.

Je m'approchai d'elles, et elles se mirent à pousser des cris aigus, en essayant de se sauver, comme si j'allais les tuer aussi.

La Jean-Jean, que sa jambe brûlée ne portait plus, tomba tout de son long par terre.

La Sœur Saint-Benoît, abandonnant le mort, courut vers ses infirmes, et sans un mot pour moi, sans un regard, les couvrit de leurs châles, leur donna leurs béquilles, les poussa vers la porte, les fit sortir et disparut avec elles dans la nuit profonde, si noire.

Je compris que je ne pouvais même les faire accompagner par un hussard, car le seul bruit du sabre les eût affolées.

Le curé regardait toujours le mort.

S'étant enfin retourné vers moi :

— Ah ! quelle vilaine chose, dit-il.

Les Rois ont paru dans *le Gaulois* du 23 janvier 1887.

AU BOIS

AU BOIS.

L E maire allait se mettre à table pour déjeuner quand on le prévint que le garde
champêtre l'attendait à la mairie avec
deux prisonniers.

Il s'y rendit aussitôt, et il aperçut en effet
son garde champêtre, le père Hochedur, debout et surveillant d'un air sévère un couple
de bourgeois mûrs.

L'homme, un gros père, à nez rouge et à
cheveux blancs, semblait accablé; tandis que
la femme, une petite mère endimanchée très
ronde, très grasse, aux joues luisantes, regardait d'un œil de défi l'agent de l'autorité qui
les avait captivés.

Le maire demanda :

— Qu'est-ce que c'est, père Hochedur ?

Le garde champêtre fit sa déposition.

Il était sorti le matin, à l'heure ordinaire, pour accomplir sa tournée du côté des bois Champioux jusqu'à la frontière d'Argenteuil. Il n'avait rien remarqué d'insolite dans la campagne sinon qu'il faisait beau temps et que les blés allaient bien, quand le fils aux Bredel, qui binait sa vigne, avait crié :

— Hé, père Hochedur, allez voir au bord du bois, au premier taillis, vous y trouverez une couple de pigeons qu'ont bien cent trente ans à eux deux.

Il était parti dans la direction indiquée; il était entré dans le fourré et il avait entendu des paroles et des soupirs qui lui firent supposer un flagrant délit de mauvaises mœurs.

Donc, avançant sur ses genoux et sur ses mains comme pour surprendre un braconnier, il avait appréhendé le couple présent au moment où il s'abandonnait à son instinct.

Le maire stupéfait considéra les coupables. L'homme comptait bien soixante ans et la femme au moins cinquante-cinq.

Il se mit à les interroger, en commençant par le mâle, qui répondait d'une voix si faible qu'on l'entendait à peine.

— Votre nom.

— Nicolas Beaurain.

— Votre profession.

— Mercier, rue des Martyrs, à Paris.

— Qu'est-ce que vous faisiez dans ce bois?

Le mercier demeura muet, les yeux baissés sur son gros ventre, les mains à plat sur ses cuisses.

Le maire reprit :

— Niez-vous ce qu'affirme l'agent de l'autorité municipale?

— Non, monsieur.

— Alors, vous avouez?

— Oui, monsieur.

— Qu'avez-vous à dire pour votre défense?

— Rien, monsieur.

— Où avez-vous rencontré votre complice?

— C'est ma femme, monsieur.

— Votre femme?

— Oui, monsieur.

— Alors... alors... vous ne vivez donc pas ensemble... à Paris?

— Pardon, monsieur, nous vivons ensemble!

— Mais... alors... vous êtes fou, tout à fait fou, mon cher monsieur, de venir vous faire pincer ainsi, en plein champ, à dix heures du matin.

Le mercier semblait prêt à pleurer de honte. Il murmura :

— C'est elle qui a voulu ça! Je lui disais

bien que c'était stupide. Mais quand une femme a quelque chose dans la tête... vous savez... elle ne l'a pas ailleurs.

Le maire, qui aimait l'esprit gaulois, sourit et répliqua :

— Dans votre cas, c'est le contraire qui aurait dû avoir lieu. Vous ne seriez pas ici si elle ne l'avait eu que dans la tête.

Alors une colère saisit M. Beaurain, et se tournant vers sa femme :

— Vois-tu où tu nous a menés avec ta poésie? Hein, y sommes-nous? Et nous irons devant les tribunaux, maintenant, à notre âge, pour attentat aux mœurs! Et il nous faudra fermer boutique, vendre la clientèle et changer de quartier! Y sommes-nous?

Mme Beaurain se leva, et, sans regarder son mari, elle s'expliqua sans embarras, sans vaine pudeur, presque sans hésitation.

— Mon Dieu, monsieur le maire, je sais bien que nous sommes ridicules. Voulez-vous me permettre de plaider ma cause comme un avocat, ou mieux comme une pauvre femme; et j'espère que vous voudrez bien nous renvoyer chez nous, et nous épargner la honte des poursuites.

Autrefois, quand j'étais jeune, j'ai fait la connaissance de M. Beaurain dans ce pays-ci, un dimanche. Il était employé dans un ma-

gasin de mercerie; moi j'étais demoiselle
dans un magasin de confections. Je me rappelle de ça comme d'hier. Je venais passer
les dimanches ici, de temps en temps, avec
une amie, Rose Levêque, avec qui j'habitais
rue Pigalle. Rose avait un bon ami, et moi
pas. C'est lui qui nous conduisait ici. Un
samedi, il m'annonça, en riant, qu'il amène-
rait un camarade le lendemain. Je compris
bien ce qu'il voulait, mais je répondis que
c'était inutile. J'étais sage, monsieur.

Le lendemain donc, nous avons trouvé
au chemin de fer monsieur Beaurain. Il était
bien de sa personne à cette époque-là. Mais
j'étais décidée à ne pas céder, et je ne cédai
pas non plus.

Nous voici donc arrivés à Bezons. Il faisait
un temps superbe, de ces temps qui vous
chatouillent le cœur. Moi, quand il fait beau,
aussi bien maintenant qu'autrefois, je deviens
bête à pleurer, et quand je suis à la campagne je perds la tête. La verdure, les oiseaux
qui chantent, les blés qui remuent au vent,
les hirondelles qui vont si vite, l'odeur de
l'herbe, les coquelicots, les marguerites, tout
ça me rend folle! C'est comme le champagne
quand on n'en a pas l'habitude!

Donc il faisait un temps superbe, et doux,
et clair, qui vous entrait dans le corps par les

yeux en regardant et par la bouche en res-
pirant. Rose et Simon s'embrassaient toutes
les minutes! Ça me faisait quelque chose de
les voir. M. Beaurain et moi nous marchions
derrière eux, sans guère parler. Quand on ne
se connaît pas on ne trouve rien à se dire.
Il avait l'air timide, ce garçon, et ça me plai-
sait de le voir embarrassé. Nous voici arrivés
dans le petit bois. Il y faisait frais comme
dans un bain, et tout le monde s'assit sur
l'herbe. Rose et son ami me plaisantaient sur
ce que j'avais l'air sévère; vous comprenez
bien que je ne pouvais pas être autrement.
Et puis voilà qu'ils recommencent à s'embrasser sans plus se gêner que si nous n'étions
pas là; et puis ils se sont parlé tout bas; et
puis ils se sont levés et ils sont partis dans les
feuilles sans rien dire. Jugez quelle sotte
figure je faisais, moi, en face de ce garçon
que je voyais pour la première fois. Je me
sentais tellement confuse de les voir partir
ainsi que ça me donna du courage; et je me
suis mise à parler. Je lui demandai ce qu'il
faisait; il était commis de mercerie, comme
je vous l'ai appris tout à l'heure. Nous cau-
sâmes donc quelques instants; ça l'enhardit,
lui, et il voulut prendre des privautés, mais
je le remis à sa place, et roide, encore. Est-
ce pas vrai, monsieur Beaurain? »

M. Beaurain, qui regardait ses pieds avec
confusion, ne répondit pas.

Elle reprit :

— Alors il a compris que j'étais sage, ce
garçon, et il s'est mis à me faire la cour gen-
timent, en honnête homme. Depuis ce jour
il est revenu tous les dimanches. Il était très
amoureux de moi, monsieur. Et moi aussi je
l'aimais beaucoup, mais là, beaucoup! c'était
un beau garçon, autrefois.

Bref, il m'épousa en septembre et nous
prîmes notre commerce rue des Martyrs.

Ce fut dur pendant des années, monsieur.
Les affaires n'allaient pas; et nous ne pou-
vions guère nous payer des parties de campagne. Et puis, nous en avions perdu l'habitude. On a autre chose en tête; on pense à
la caisse plus qu'aux fleurettes, dans le commerce. Nous vieillissions, peu à peu, sans
nous en apercevoir, en gens tranquilles qui
ne pensent plus guère à l'amour. On ne regrette rien tant qu'on ne s'aperçoit pas que
ça vous manque.

Et puis, monsieur, les affaires ont mieux
été, nous nous sommes rassurés sur l'avenir!
Alors, voyez-vous, je ne sais pas trop ce qui
s'est passé en moi, non, vraiment, je ne sais
pas!

Voilà que je me suis remise à rêver comme

une petite pensionnaire. La vue des voitu-
rettes de fleurs qu'on traîne dans les rues me
tirait les larmes. L'odeur des violettes venait
me chercher à mon fauteuil, derrière ma
caisse, et me faisait battre le cœur! Alors je
me levais et je m'en venais sur le pas de ma
porte pour regarder le bleu du ciel entre les
toits. Quand on regarde le ciel dans une rue,
ça a l'air d'une rivière, d'une longue rivière
qui descend sur Paris en se tortillant; et les
hirondelles passent dedans comme des poissons. C'est bête comme tout, ces choses-là, à
mon âge! Que voulez-vous, monsieur, quand
on a travaillé toute sa vie, il vient un moment
où on s'aperçoit qu'on aurait pu faire autre
chose, et, alors, on regrette, oh! oui, on regrette! Songez donc que, pendant vingt ans,
j'aurais pu aller cueillir des baisers dans les
bois, comme les autres, comme les autres
femmes. Je songeais comme c'est bon d'être
couché sous les feuilles en aimant quelqu'un!
Et j'y pensais tous les jours, toutes les nuits!
Je rêvais de clairs de lune sur l'eau jusqu'à
avoir envie de me noyer.

Je n'osais pas parler de ça à M. Beaurain
dans les premiers temps. Je savais bien qu'il
se moquerait de moi et qu'il me renverrait
vendre mon fil et mes aiguilles! Et puis, à
vrai dire, M. Beaurain ne me disait plus

grand'chose ; mais en me regardant dans ma
glace, je comprenais bien aussi que je ne
disais plus rien à personne, moi !

Donc, je me décidai et je lui proposai une
partie de campagne au pays où nous nous
étions connus. Il accepta sans défiance et
nous voici arrivés, ce matin, vers les neuf
heures.

Moi je me sentis toute retournée quand je
suis entrée dans les blés. Ça ne vieillit pas
le cœur des femmes ! Et, vrai, je ne voyais
plus mon mari tel qu'il est, mais bien tel
qu'il était autrefois ! Ça, je vous le jure,
monsieur. Vrai de vrai, j'étais grise. Je me
mis à l'embrasser ; il en fut plus étonné que
si j'avais voulu l'assassiner. Il me répétait :
« Mais tu es folle. Mais tu es folle, ce matin.
Qu'est-ce qui te prend ?... » Je ne l'écoutais
pas, moi, je n'écoutais que mon cœur. Et je
le fis entrer dans le bois... Et voilà !... J'ai dit
la vérité, monsieur le maire, toute la vérité. »

Le maire était un homme d'esprit. Il se
leva, sourit, et dit : « Allez en paix, madame,
et ne péchez plus... sous les feuilles. »

Au Bois a paru dans *le Gil-Blas* du mardi 22 juin
1886.

UNE FAMILLE

UNE FAMILLE.

J'ALLAIS revoir mon ami Simon Radevin
que je n'avais point aperçu depuis quinze
ans.

Autrefois c'était mon meilleur ami, l'ami
de ma pensée, celui avec qui on passe les
longues soirées tranquilles et gaies, celui à
qui on dit les choses intimes du cœur, pour
qui on trouve, en causant doucement, des
idées rares, fines, ingénieuses, délicates, nées
de la sympathie même qui excite l'esprit et
le met à l'aise.

Pendant bien des années nous ne nous
étions guère quittés. Nous avions vécu, vo-
yagé, songé, rêvé ensemble, aimé les mêmes
choses d'un même amour, admiré les mêmes
livres, compris les mêmes œuvres, frémi des
mêmes sensations, et si souvent ri des mêmes

êtres que nous nous comprenions complètement, rien qu'en échangeant un coup d'œil.

Puis il s'était marié. Il avait épousé tout à
coup une fillette de province venue à Paris
pour chercher un fiancé. Comment cette
petite blondasse, maigre, aux mains niaises,
aux yeux clairs et vides, à la voix fraîche et
bête, pareille à cent mille poupées à marier,
avait-elle cueilli ce garçon intelligent et fin ?
Peut-on comprendre ces choses-là ? Il avait
sans doute espéré le bonheur, lui, le bonheur
simple, doux et long entre les bras d'une
femme bonne, tendre et fidèle ; et il avait en-
trevu tout cela, dans le regard transparent de
cette gamine aux cheveux pâles.

Il n'avait pas songé que l'homme actif,
vivant et vibrant, se fatigue de tout dès qu'il
a saisi la stupide réalité, à moins qu'il ne
s'abrutisse au point de ne plus rien comprendre.

Comment allais-je le retrouver ? Toujours
vif, spirituel, rieur et enthousiaste, ou bien
endormi par la vie provinciale ? Un homme
peut changer en quinze ans !

Le train s'arrêta dans une petite gare.
Comme je descendais de wagon, un gros,
très gros homme, aux joues rouges, au ventre
rebondi, s'élança vers moi, les bras ouverts,

en criant : « Georges. » Je l'embrassai, mais je
ne l'avais pas reconnu. Puis je murmurai stupéfait « : Cristi, tu n'as pas maigri. » Il répondit en riant : « Que veux-tu ? La bonne vie !
la bonne table ! les bonnes nuits ! Manger et
dormir, voilà mon existence ! »

Je le contemplai, cherchant dans cette
large figure les traits aimés. L'œil seul n'avait
point changé ; mais je ne retrouvais plus le
regard et je me disais : « S'il est vrai que
le regard est le reflet de la pensée, la pensée
de cette tête-là n'est plus celle d'autrefois,
celle que je connaissais si bien. »

L'œil brillait pourtant, plein de joie et d'a-
mitié ; mais il n'avait plus cette clarté intelli-
gente qui exprime, autant que la parole, la
valeur d'un esprit.

Tout à coup, Simon me dit :

— Tiens, voici mes deux aînés.

Une fillette de quatorze ans, presque
femme, et un garçon de treize ans, vêtu en
collégien, s'avancèrent d'un air timide et
gauche.

Je murmurai : « C'est à toi ? »

Il répondit en riant : « Mais, oui.

— Combien en as-tu donc ?

— Cinq ? Encore trois restés à la maison ! »

Il avait répondu cela d'un air fier, content,
presque triomphant ; et moi je me sentais

saisi d'une pitié profonde, mêlée d'un vague
mépris, pour ce reproducteur orgueilleux et
naïf qui passait ses nuits à faire des enfants
entre deux sommes, dans sa maison de province, comme un lapin dans une cage.

Je montai dans une voiture qu'il conduisait
lui-même et nous voici partis à travers la ville,
triste ville, somnolente et terne où rien ne
remuait par les rues, sauf quelques chiens et
deux ou trois bonnes. De temps en temps,
un boutiquier, sur sa porte, ôtait son chapeau; Simon rendait le salut et nommait
l'homme pour me prouver sans doute qu'il
connaissait tous les habitants par leur nom.
La pensée me vint qu'il songeait à la députa-
tion, ce rêve de tous les enterrés de province.

On eut vite traversé la cité, et la voiture
entra dans un jardin qui avait des prétentions
de parc, puis s'arrêta devant une maison à
tourelles qui cherchait à passer pour château.

— Voilà mon trou, disait Simon, pour
obtenir un compliment.

Je répondis :

— C'est délicieux.

Sur le perron, une dame apparut, parée
pour la visite, coiffée pour la visite, avec des
phrases prêtes pour la visite. Ce n'était plus
la fillette blonde et fade que j'avais vue à
l'église quinze ans plus tôt, mais une grosse

dame à falbalas et à frisons, une de ces dames sans âge, sans caractère, sans élégance, sans esprit, sans rien de ce qui constitue une femme. C'était une mère, enfin, une grosse mère banale, la pondeuse, la poulinière humaine, la machine de chair qui procrée sans autre préoccupation dans l'âme que ses enfants et son livre de cuisine.

Elle me souhaita la bienvenue et j'entrai dans le vestibule où trois mioches alignés par rang de taille semblaient placés là pour une revue comme des pompiers devant un maire.

Je dis :

— Ah ! ah ! voici les autres ?

Simon, radieux, les nomma « Jean, Sophie et Gontran ».

La porte du salon était ouverte. J'y pénétrai et j'aperçus au fond d'un fauteuil quelque chose qui tremblotait, un homme, un vieux homme paralysé.

Madame Radevin s'avança :

— C'est mon grand-père, monsieur. Il a quatre-vingt-sept ans.

Puis elle cria dans l'oreille du vieillard trépidant : «C'est un ami de Simon, papa.» L'ancêtre fit un effort pour me dire bonjour et il vagit : «Oua, oua, oua» en agitant sa main. Je répondis : «Vous êtes trop aimable, monsieur», et je tombai sur un siège.

Simon venait d'entrer; il riait:

— Ah! ah! tu as fait la connaissance de bon papa. Il est impayable, ce vieux; c'est la distraction des enfants. Il est gourmand, mon cher, à se faire mourir à tous les repas. Tu ne te figures point ce qu'il mangerait si on le laissait libre. Mais tu verras, tu verras. Il fait de l'œil aux plats sucrés comme si c'étaient des demoiselles. Tu n'as jamais rien rencontré de plus drôle, tu verras tout à l'heure.

Puis on me conduisit dans ma chambre, pour faire ma toilette, car l'heure du dîner approchait. J'entendais dans l'escalier un grand piétinement et je me retournai. Tous les enfants me suivaient en procession, derrière leur père, sans doute pour me faire honneur.

Ma chambre donnait sur la plaine, une plaine sans fin, toute nue, un océan d'herbes, de blés et d'avoine, sans un bouquet d'arbres ni un coteau, image saisissante et triste de la vie qu'on devait mener dans cette maison.

Une cloche sonna. C'était pour le dîner. Je descendis.

Mme Radevin prit mon bras d'un air cérémonieux et on passa dans la salle à manger. Un domestique roulait le fauteuil du vieux qui, à peine placé devant son assiette, pro-

mena sur le dessert un regard avide et curieux
en tournant avec peine, d'un plat vers l'autre,
sa tête branlante.

Alors Simon se frotta les mains : « Tu vas
t'amuser, » me dit-il. Et tous les enfants, comprenant qu'on allait me donner le spectacle
de grand-papa gourmand, se mirent à rire en
même temps, tandis que leur mère souriait
seulement en haussant les épaules.

Radevin se mit à hurler vers le vieillard
en formant porte-voix de ses mains :

— Nous avons ce soir de la crème au riz
sucré.

La face ridée de l'aïeul s'illumina et il
trembla plus fort de haut en bas, pour indi-
quer qu'il avait compris et qu'il était content.

Et on commença à dîner.

« Regarde, » murmura Simon. Le grand-
père n'aimait pas la soupe et refusait d'en
manger. On l'y forçait, pour sa santé; et le
domestique lui enfonçait de force dans la
bouche la cuiller pleine, tandis qu'il soufflait
avec énergie, pour ne pas avaler le bouillon
rejeté ainsi en jet d'eau sur la table et sur ses
voisins.

Les petits enfants se tordaient de joie tandis que leur père, très content, répétait : « Est-
il drôle, ce vieux ? »

Et tout le long du repas on ne s'occupa que

de lui. Il dévorait du regard les plats posés sur la table; et de sa main follement agitée essayait de les saisir et de les attirer à lui. On les posait presque à portée pour voir ses efforts éperdus, son élan tremblotant vers eux, l'appel désolé de tout son être, de son œil, de sa bouche, de son nez qui les flairait. Et il bavait d'envie sur sa serviette en poussant des grognements inarticulés. Et toute la famille se réjouissait de ce supplice odieux et grotesque.

Puis on lui servait sur son assiette un tout petit morceau qu'il mangeait avec une gloutonnerie fiévreuse, pour avoir plus vite autre chose.

Quand arriva le riz sucré, il eut presque une convulsion. Il gémissait de désir.

Gontran lui cria : « Vous avez trop mangé, vous n'en aurez pas.» Et on fit semblant de ne lui en point donner.

Alors il se mit à pleurer. Il pleurait en tremblant plus fort, tandis que tous les enfants riaient.

On lui apporta enfin sa part, une toute petite part; et il fit, en mangeant la première bouchée de l'entremets, un bruit de gorge comique et glouton, et un mouvement du cou pareil à celui des canards qui avalent un morceau trop gros.

Puis, quand il eut fini, il se mit à trépi-
gner pour en obtenir encore.

Pris de pitié devant la torture de ce Tan-
tale attendrissant et ridicule, j'implorai pour
lui : «Voyons, donne-lui encore un peu de
riz?»

Simon répondit : «Oh! non, mon cher,
s'il mangeait trop, à son âge, ça pourrait lui
faire mal.»

Je me tus, rêvant sur cette parole. O mo-
rale, ô logique, ô sagesse! A son âge! Donc,
on le privait du seul plaisir qu'il pouvait encore goûter, par souci de sa santé! Sa santé!
qu'en ferait-il, ce débris inerte et tremblotant?
On ménageait ses jours, comme on dit? Ses
jours? Combien de jours, dix, vingt, cinquante ou cent? Pourquoi? Pour lui? ou
pour conserver plus longtemps à la famille le
spectacle de sa gourmandise impuissante?

Il n'avait plus rien à faire en cette vie, plus
rien. Un seul désir lui restait, une seule joie;
pourquoi ne pas lui donner entièrement cette
joie dernière, la lui donner jusqu'à ce qu'il en
mourût.

Puis, après une longue partie de cartes, je
montai dans ma chambre pour me coucher :
j'étais triste, triste, triste!

Et je me mis à ma fenêtre. On n'entendait
rien au dehors qu'un très léger, très doux,

très joli gazouillement d'oiseau dans un arbre,
quelque part. Cet oiseau devait chanter ainsi,
à voix basse, dans la nuit, pour bercer sa femelle endormie sur ses œufs.

Et je pensai aux cinq enfants de mon
pauvre ami, qui devait ronfler maintenant
aux côtés de sa vilaine femme.

Une Famille a paru dans *le Gil-Blas* du mardi
3 août 1886.

JOSEPH

JOSEPH.

ELLES étaient grises, tout à fait grises, la petite baronne Andrée de Fraisières et la petite comtesse Noëmi de Gardens. Elles avaient dîné en tête-à-tête, dans le salon vitré qui regardait la mer. Par les fenêtres ouvertes, la brise molle d'un soir d'été entrait, tiède et fraîche en même temps, une brise savoureuse d'océan. Les deux jeunes femmes, étendues sur leurs chaises longues, buvaient maintenant de minute en minute une goutte de chartreuse en fumant des cigarettes, et elles se faisaient des confidences intimes, des confidences que seule cette jolie ivresse inattendue pouvait amener sur leurs lèvres.

Leurs maris étaient retournés à Paris dans l'après-midi, les laissant seules sur cette

petite plage déserte qu'ils avaient choisie
pour éviter les rôdeurs galants des stations
à la mode. Absents cinq jours sur sept, ils
redoutaient les parties de campagne, les
déjeuners sur l'herbe, les leçons de natation
et la rapide familiarité qui naît dans le
désœuvrement des villes d'eaux. Dieppe,
Étretat, Trouville leur paraissant donc à
craindre, ils avaient loué une maison bâtie et
abandonnée par un original dans le vallon
de Roqueville, près Fécamp, et ils avaient
enterré là leurs femmes pour tout l'été.

Elles étaient grises. Ne sachant qu'inventer
pour se distraire, la petite baronne avait
proposé à la petite comtesse un dîner fin, au
champagne. Elles s'étaient d'abord beaucoup
amusées à cuisiner elles-mêmes ce dîner;
puis elles l'avaient mangé avec gaieté en
buvant ferme pour calmer la soif qu'avait
éveillée dans leur gorge la chaleur des four-
neaux. Maintenant elles bavardaient et dérai-
sonnaient à l'unisson en fumant des cigarettes
et en se gargarisant doucement avec la chartreuse. Vraiment, elles ne savaient plus du
tout ce qu'elles disaient.

La comtesse, les jambes en l'air sur le
dossier d'une chaise, était plus partie encore
que son amie.

— Pour finir une soirée comme celle-là,

disait-elle, il nous faudrait des amoureux. Si
j'avais prévu ça tantôt, j'en aurais fait venir
deux de Paris et je t'en aurais cédé un...

— Moi, reprit l'autre, j'en trouve toujours; même ce soir, si j'en voulais un, je
l'aurais.

— Allons donc! A Roqueville, ma chère?
un paysan, alors.

— Non, pas tout à fait.

— Alors, raconte-moi.

— Qu'est-ce que tu veux que je te raconte?

— Ton amoureux?

— Ma chère, moi je ne peux pas vivre
sans être aimée. Si je n'étais pas aimée, je me
croirais morte.

— Moi aussi.

— N'est-ce pas?

— Oui. Les hommes ne comprennent pas
ça! nos maris surtout!

— Non, pas du tout. Comment veux-tu
qu'il en soit autrement? L'amour qu'il nous
faut est fait de gâteries, de gentillesses, de
galanteries. C'est la nourriture de notre
cœur, ça. C'est indispensable à notre vie,
indispensable, indispensable...

— Indispensable.

— Il faut que je sente que quelqu'un
pense à moi, toujours, partout. Quand je

m'endors, quand je m'éveille, il faut que je sache qu'on m'aime quelque part, qu'on rêve de moi, qu'on me désire. Sans cela je serais malheureuse, malheureuse. Oh! mais malheureuse à pleurer tout le temps.

— Moi aussi.

— Songe donc que c'est impossible autrement. Quand un mari a été gentil pendant six mois, ou un an, ou deux ans, il devient forcément une brute, oui, une vraie brute... Il ne se gêne plus pour rien, il se montre tel qu'il est, il fait des scènes pour les notes, pour toutes les notes. On ne peut pas aimer quelqu'un avec qui on vit toujours.

— Ça, c'est bien vrai.

— N'est-ce pas?... Où donc en étais-je? Je ne me rappelle plus du tout.

— Tu disais que tous les maris sont des brutes!

— Oui, des brutes... tous.

— C'est vrai.

— Et après?...

— Quoi, après?

— Qu'est-ce que je disais après?

— Je ne sais pas, moi, puisque tu ne l'as pas dit?

— J'avais pourtant quelque chose à te raconter.

— Oui, c'est vrai, attends?...

— Ah! j'y suis...

— Je t'écoute.

— Je te disais donc que moi, je trouve partout des amoureux.

— Comment fais-tu?

— Voilà. Suis-moi bien. Quand j'arrive dans un pays nouveau, je prends des notes et je fais mon choix.

— Tu fais ton choix?

— Oui, parbleu. Je prends des notes d'abord. Je m'informe. Il faut avant tout qu'un homme soit discret, riche et généreux, n'est-ce pas?

— C'est vrai?

— Et puis, il faut qu'il me plaise comme homme.

— Nécessairement.

— Alors je l'amorce.

— Tu l'amorces?

— Oui, comme on fait pour prendre du poisson. Tu n'as jamais pêché à la ligne?

— Non, jamais.

— Tu as eu tort. C'est très amusant. Et puis c'est instructif. Donc, je l'amorce...

— Comment fais-tu?

— Bête, va. Est-ce qu'on ne prend pas les hommes qu'on veut prendre, comme s'ils avaient le choix! Et ils croient choisir encore... ces imbéciles... mais c'est nous qui

choisissons... toujours... Songe donc, quand
on n'est pas laide, et pas sotte, comme nous,
tous les hommes sont des prétendants, tous
sans exception. Nous, nous les passons en revue du matin au soir, et quand nous en avons
visé un nous l'amorçons...

— Ça ne me dit pas comment tu fais?

— Comment je fais?... mais je ne fais
rien. Je me laisse regarder, voilà tout.

— Tu te laisses regarder?...

— Mais oui. Ça suffit. Quand on s'est
laissé regarder plusieurs fois de suite, un
homme vous trouve aussitôt la plus jolie et la
plus séduisante de toutes les femmes. Alors il
commence à vous faire la cour. Moi je lui
laisse comprendre qu'il n'est pas mal, sans
rien dire bien entendu; et il tombe amoureux
comme un bloc. Je le tiens. Et ça dure plus
ou moins, selon ses qualités.

— Tu prends comme ça tous ceux que tu
veux?

— Presque tous.

— Alors, il y en a qui résistent?

— Quelquefois.

— Pourquoi?

— Oh! pourquoi? On est Joseph pour
trois raisons. Parce qu'on est très amoureux
d'une autre. Parce qu'on est d'une timidité
excessive et parce qu'on est... comment

dirai-je?... incapable de mener jusqu'au bout
la conquête d'une femme...

— Oh! ma chère!... Tu crois?...

— Oui... oui... J'en suis sûre.., il y en a
beaucoup de cette dernière espèce, beaucoup, beaucoup... beaucoup plus qu'on ne
croit. Oh! ils ont l'air de tout le monde...
ils sont habillés comme les autres... ils font
les paons... Quand je dis les paons... je me
trompe, ils ne pourraient pas se déployer.

— Oh! ma chère...

— Quant aux timides, ils sont quelquefois d'une sottise imprenable. Ce sont des
hommes qui ne doivent pas savoir se désha-
biller, même pour se coucher tout seuls,
quand ils ont une glace dans leur chambre.
Avec ceux-là, il faut être énergique, user du
regard et de la poignée de main. C'est même
quelquefois inutile. Ils ne savent jamais comment ni par où commencer. Quand on perd
connaissance devant eux, comme dernier
moyen.... ils vous soignent... Et pour peu
qu'on tarde à reprendre ses sens... ils vont
chercher du secours.

Ceux que je préfère, moi, ce sont les
amoureux des autres. Ceux-là, je les enlève
d'assaut, à... à... à... à la bayonnette, ma
chère!

— C'est bon, tout ça, mais quand il n'y a

pas d'hommes, comme ici, par exemple.

— J'en trouve.

— Tu en trouves. Où ça?

— Partout. Tiens, ça me rappelle mon histoire.

Voilà deux ans, cette année, que mon mari m'a fait passer l'été dans sa terre de Bougrolles. Là, rien... mais tu entends, rien de rien, de rien, de rien! Dans les manoirs des environs, quelques lourdauds dégoûtants, des chasseurs de poil et de plume vivant dans des châteaux sans baignoires, de ces hommes qui transpirent et se couchent par là-dessus, et qu'il serait impossible de corriger, parce qu'ils ont des principes d'existence malpropres.

Devine ce que j'ai fait ?

— Je ne devine pas!

— Ah! ah! ah! Je venais de lire un tas de romans de George Sand pour l'exaltation de l'homme du peuple, des romans où les ouvriers sont sublimes et tous les hommes du monde criminels. Ajoute à cela que j'avais vu *Ruy-Blas* l'hiver précédent et que ça m'avait beaucoup frappée. Eh bien! un de nos fermiers avait un fils, un beau gars de vingt-deux ans, qui avait étudié pour être prêtre, puis quitté le séminaire par dégoût. Eh bien, je l'ai pris comme domestique!

— Oh !... Et après !...

— Après... après, ma chère, je l'ai traité
de très haut, en lui montrant beaucoup de
ma personne. Je ne l'ai pas amorcé, celui-là,
ce rustre, je l'ai allumé !...

— Oh ! Andrée !

— Oui, ça m'amusait même beaucoup.
On dit que les domestiques, ça ne compte
pas ! Eh bien il ne comptait point. Je le
sonnais pour les ordres chaque matin quand
ma femme de chambre m'habillait, et aussi
chaque soir quand elle me déshabillait.

— Oh ! Andrée ?

— Ma chère, il a flambé comme un toit
de paille. Alors, à table, pendant les repas,
je n'ai plus parlé que de propreté, de soins
du corps, de douches, de bains. Si bien
qu'au bout de quinze jours il se trempait
matin et soir dans la rivière, puis se parfumait
à empoisonner le château. J'ai même été
obligée de lui interdire les parfums, en lui
disant, d'un air furieux, que les hommes
ne devaient jamais employer que de l'eau
de Cologne.

— Oh ! Andrée !

— Alors, j'ai eu l'idée d'organiser une
bibliothèque de campagne. J'ai fait venir
quelques centaines de romans moraux que je
prêtais à tous nos paysans et à mes domes-

tiques. Il s'était glissé dans ma collection
quelques livres... quelques livres... poé-
tiques... de ceux qui troublent les âmes...
des pensionnaires et des collégiens... Je les ai
donnés à mon valet de chambre. Ça lui a
appris la vie... une drôle de vie.

— Oh... Andrée!

— Alors je suis devenue familière avec
lui, je me suis mise à le tutoyer. Je l'avais
nommé Joseph. Ma chère, il était dans un
état... dans un état effrayant... Il devenait
maigre comme... comme un coq... et il
roulait des yeux de fou. Moi je m'amusais
énormément. C'est un de mes meilleurs étés...

— Et après?...

— Après... oui... Eh bien, un jour que
mon mari était absent, je lui ai dit d'atteler
le panier pour me conduire dans les bois. Il
faisait très chaud, très chaud... Voilà!

— Oh! Andrée, dis-moi tout... Ça m'a-
muse tant.

— Tiens, bois un verre de chartreuse,
sans ça je finirais le carafon toute seule.
Eh bien après, je me suis trouvée mal en
route.

— Comment ça?

— Que tu es bête. Je lui ai dit que j'allais
me trouver mal et qu'il fallait me porter sur
l'herbe. Et puis quand j'ai été sur l'herbe j'ai

suffoqué et je lui ai dit de me délacer. Et puis, quand j'ai été délacée, j'ai perdu connaissance.

— Tout à fait.

— Oh non, pas du tout.

— Eh bien?

— Eh bien! j'ai été obligée de rester près d'une heure sans connaissance. Il ne trouvait pas de remède. Mais j'ai été patiente, et je n'ai rouvert les yeux qu'après sa chute.

— Oh! Andrée!... Et qu'est-ce que tu lui as dit?

— Moi rien! Est-ce que je savais quelque chose, puisque j'étais sans connaissance? Je l'ai remercié. Je lui ai dit de me remettre en voiture; et il m'a ramenée au château. Mais il a failli verser en tournant la barrière!

— Oh! Andrée! Et c'est tout?...

— C'est tout...

— Tu n'as perdu connaissance qu'une fois?

— Rien qu'une fois, parbleu! Je ne voulais pas faire mon amant de ce goujat.

— L'as-tu gardé longtemps après ça?

— Mais oui. Je l'ai encore. Pourquoi est-ce que je l'aurais renvoyé. Je n'avais pas à m'en plaindre.

— Oh! Andrée! Et il t'aime toujours?

— Parbleu.

13.

— Où est-il ?

La petite baronne étendit la main vers la muraille et poussa le timbre électrique. La porte s'ouvrit presque aussitôt, et un grand valet entra qui répandait autour de lui une forte senteur d'eau de Cologne.

La baronne lui dit : « Joseph, mon garçon, j'ai peur de me trouver mal, va me chercher ma femme de chambre. »

L'homme demeurait immobile comme un soldat devant un officier, et fixait un regard ardent sur sa maîtresse, qui reprit : « Mais va donc vite, grand sot, nous ne sommes pas dans le bois aujourd'hui, et Rosalie me soignera mieux que toi. »

Il tourna sur ses talons et sortit.

La petite comtesse, effarée, demanda :

— Et qu'est-ce que tu diras à ta femme de chambre ?

— Je lui dirai que c'est passé ! Non, je me ferai tout de même délacer. Ça me soulagera la poitrine, car je ne peux plus respirer. Je suis grise... ma chère... mais grise à tomber si je me levais.

Joseph a paru dans *le Gil-Blas* du mardi 21 juillet 1885.

L'AUBERGE

L'AUBERGE.

PAREILLE à toutes les hôtelleries de bois plantées dans les Hautes-Alpes, au pied des glaciers, dans ces couloirs rocheux et nus qui coupent les sommets blancs des montagnes, l'auberge de Schwarenbach sert de refuge aux voyageurs qui suivent le passage de la Gemmi.

Pendant six mois elle reste ouverte, habitée par la famille de Jean Hauser; puis, dès que les neiges s'amoncellent, emplissant le vallon et rendant impraticable la descente sur Loëche, les femmes, le père et les trois fils s'en vont, et laissent pour garder la maison le vieux guide Gaspard Hari avec le jeune guide Ulrich Kunsi, et Sam, le gros chien de montagne.

Les deux hommes et la bête demeurent jusqu'au printemps dans cette prison de neige, n'ayant devant les yeux que la pente immense et blanche du Balmhorn, entourés de sommets pâles et luisants, enfermés, bloqués, ensevelis sous la neige qui monte autour d'eux, enveloppe, étreint, écrase la petite maison, s'amoncelle sur le toit, atteint les fenêtres et mure la porte.

C'était le jour où la famille Hauser allait retourner à Loëche, l'hiver approchant et la descente devenant périlleuse.

Trois mulets partirent en avant, chargés de hardes et de bagages et conduits par les trois fils. Puis la mère, Jeanne Hauser, et sa fille Louise montèrent sur un quatrième mulet, et se mirent en route à leur tour.

Le père les suivait accompagné des deux gardiens qui devaient escorter la famille jusqu'au sommet de la descente.

Ils contournèrent d'abord le petit lac, gelé maintenant au fond du grand trou de rochers qui s'étend devant l'auberge, puis ils suivirent le vallon clair comme un drap et dominé de tous côtés par des sommets de neige.

Une averse de soleil tombait sur ce désert blanc éclatant et glacé, l'allumait d'une flamme aveuglante et froide; aucune vie n'apparaissait dans cet océan des monts; aucun mouvement dans cette solitude démesurée; aucun bruit n'en troublait le profond silence.

Peu à peu, le jeune guide Ulrich Kunsi, un grand suisse aux longues jambes, laissa derrière lui le père Hauser et le vieux Gaspard Hari, pour rejoindre le mulet qui portait les deux femmes.

La plus jeune le regardait venir, semblait l'appeler d'un œil triste. C'était une petite paysanne blonde, dont les joues laiteuses et les cheveux pâles paraissaient décolorés par les longs séjours au milieu des glaces.

Quand il eut rejoint la bête qui la portait, il posa la main sur la croupe et ralentit le pas. La mère Hauser se mit à lui parler, énumérant avec des détails infinis toutes les recommandations de l'hivernage. C'était la première fois qu'il restait là-haut, tandis que le vieux Hari avait déjà passé quatorze hivers sous la neige dans l'auberge de Schwarenbach.

Ulrich Kunsi écoutait, sans avoir l'air de comprendre, et regardait sans cesse la jeune fille. De temps en temps il répondait : « Oui, madame Hauser.» Mais sa pensée semblait loin et sa figure calme demeurait impassible.

Ils atteignirent le lac de Daube, dont la longue surface gelée s'étendait, toute plate,

au fond du val. A droite, le Daubenhorn
montrait ses rochers noirs dressés à pic auprès des énormes moraines du glacier de
Lœmmern que dominait le Wildstrubel.

Comme ils approchaient du col de la
Gemmi, où commence la descente sur
Loëche, ils découvrirent tout à coup l'immense horizon des Alpes du Valais dont les
séparait la profonde et large vallée du Rhône.

C'était, au loin, un peuple de sommets
blancs, inégaux, écrasés ou pointus et luisants sous le soleil : le Mischabel avec ses deux
cornes, le puissant massif du Wissehorn, le
lourd Brunnegghorn, la haute et redoutable
pyramide du Cervin, ce tueur d'hommes, et
la Dent-Blanche, cette monstrueuse coquette.

Puis, au-dessous d'eux, dans un trou démesuré, au fond d'un abîme effrayant, ils
aperçurent Loëche, dont les maisons semblaient des grains de sable jetés dans cette
crevasse énorme que finit et que ferme la
Gemmi, et qui s'ouvre, là-bas, sur le Rhône.

Le mulet s'arrêta au bord du sentier qui
va, serpentant, tournant sans cesse et revenant, fantastique et merveilleux, le long de
la montagne droite, jusqu'à ce petit village
presque invisible, à son pied. Les femmes
sautèrent dans la neige.

Les deux vieux les avaient rejoints.

— Allons, dit le père Hauser, adieu et bon courage, à l'an prochain, les amis.

Le père Hari répéta : « A l'an prochain. »

Ils s'embrassèrent. Puis Mme Hauser, à son tour, tendit ses joues; et la jeune fille en fit autant. Quand ce fut le tour d'Ulrich Kunsi, il murmura dans l'oreille de Louise : « N'oubliez point ceux d'en haut. » Elle répondit « non », si bas qu'il devina sans l'entendre.

— Allons, adieu, répéta Jean Hauser, et bonne santé.

Et, passant devant les femmes, il commença à descendre.

Ils disparurent bientôt tous les trois au premier détour du chemin.

Et les deux hommes s'en retournèrent vers l'auberge de Schwarenbach.

Ils allaient lentement, côte à côte, sans parler. C'était fini, ils resteraient seuls face à face, quatre ou cinq mois.

Puis Gaspard Hari se mit à raconter sa vie de l'autre hiver. Il était demeuré avec Michel Canol, trop âgé maintenant pour recommencer; car un accident peut arriver pendant cette longue solitude. Ils ne s'étaient pas ennuyés, d'ailleurs; le tout était d'en prendre son parti dès le premier jour; et on finissait par se créer des distractions, des jeux, beaucoup de passe-temps.

Ulrich Kunsi l'écoutait, les yeux baissés, suivant en pensée ceux qui descendaient vers le village par tous les festons de la Gemmi.

Bientôt ils aperçurent l'auberge, à peine visible, si petite, un point noir au pied de la monstrueuse vague de neige.

Quand ils ouvrirent, Sam, le gros chien frisé, se mit à gambader autour d'eux.

— Allons, fils, dit le vieux Gaspard, nous n'avons plus de femme maintenant, il faut préparer le dîner, tu vas éplucher les pommes de terre.

Et tous deux, s'asseyant sur des escabeaux de bois, commencèrent à tremper la soupe.

La matinée du lendemain sembla longue à Ulrich Kunsi. Le vieux Hari fumait et crachait dans l'âtre, tandis que le jeune homme regardait par la fenêtre l'éclatante montagne en face de la maison.

Il sortit dans l'après-midi, et refaisant le trajet de la veille, il cherchait sur le sol les traces des sabots du mulet qui avait porté les deux femmes. Puis quand il fut au col de la Gemmi, il se coucha sur le ventre au bord de l'abîme, et regarda Loëche.

Le village dans son puits de rocher n'était pas encore noyé sous la neige, bien qu'elle vînt tout près de lui, arrêtée net par les forêts de sapins qui protégeaient ses environs. Ses maisons basses ressemblaient, de là-haut, à des pavés, dans une prairie.

La petite Hauser était là, maintenant, dans une de ces demeures grises. Dans laquelle? Ulrich Kunsi se trouvait trop loin pour les distinguer séparément. Comme il aurait voulu descendre, pendant qu'il le pouvait encore!

Mais le soleil avait disparu derrière la grande cime de Wildstrubel; et le jeune homme rentra. Le père Hari fumait. En voyant revenir son compagnon, il lui proposa une partie de cartes; et ils s'assirent en face l'un de l'autre des deux côtés de la table.

Ils jouèrent longtemps, un jeu simple qu'on nomme la brisque, puis, ayant soupé, ils se couchèrent.

Les jours qui suivirent furent pareils au premier, clairs et froids, sans neige nouvelle. Le vieux Gaspard passait ses après-midi à guetter les aigles et les rares oiseaux qui s'aventurent sur ces sommets glacés, tandis que Ulrich retournait régulièrement au col de la Gemmi pour contempler le village. Puis ils jouaient aux cartes, aux dés, aux dominos, gagnaient et perdaient de petits objets pour intéresser leur partie.

Un matin, Hari, levé le premier, appela son compagnon. Un nuage mouvant, profond

et léger, d'écume blanche s'abattait sur eux,
autour d'eux, sans bruit, les ensevelissait peu
à peu sous un épais et sourd matelas de
mousse. Cela dura quatre jours et quatre nuits.
Il fallut dégager la porte et les fenêtres, creu-
ser un couloir et tailler des marches pour
s'élever sur cette poudre de glace que douze
heures de gelée avaient rendue plus dure que
le granit des moraines.

Alors, ils vécurent comme des prisonniers,
ne s'aventurant plus guère en dehors de leur
demeure. Ils s'étaient partagé les besognes
qu'ils accomplissaient régulièrement. Ulrich
Kunsi se chargeait des nettoyages, des la-
vages, de tous les soins et de tous les travaux
de propreté. C'était lui aussi qui cassait le
bois, tandis que Gaspard Hari faisait la cuisine et entretenait le feu. Leurs ouvrages, réguliers et monotones, étaient interrompus
par de longues parties de cartes ou de dés.
Jamais ils ne se querellaient, étant tous deux
calmes et placides. Jamais même ils n'avaient
d'impatiences, de mauvaise humeur, ni de
paroles aigres, car ils avaient fait provision
de résignation pour cet hivernage sur les
sommets.

Quelquefois, le vieux Gaspard prenait son
fusil et s'en allait à la recherche des chamois;
il en tuait de temps en temps. C'était alors

fête dans l'auberge de Schwarenbach et grand festin de chair fraîche.

Un matin, il partit ainsi. Le thermomètre du dehors marquait dix-huit au-dessous de glace. Le soleil n'étant pas encore levé, le chasseur espérait surprendre les bêtes aux abords du Wildstrubel.

Ulrich, demeuré seul, resta couché jusqu'à dix heures. Il était d'un naturel dormeur; mais il n'eût point osé s'abandonner ainsi à son penchant en présence du vieux guide toujours ardent et matinal.

Il déjeuna lentement avec Sam, qui passait aussi ses jours et ses nuits à dormir devant le feu; puis il se sentit triste, effrayé même de la solitude, et saisi par le besoin de la partie de cartes quotidienne, comme on l'est par le désir d'une habitude invincible.

Alors il sortit pour aller au-devant de son compagnon qui devait rentrer à quatre heures.

La neige avait nivelé toute la profonde val-lée, comblant les crevasses, effaçant les deux lacs, capitonnant les rochers, ne faisant plus, entre les sommets immenses, qu'une immense cuve blanche régulière, aveuglante et glacée.

Depuis trois semaines, Ulrich n'était plus revenu au bord de l'abîme d'où il regardait le village. Il y voulut retourner avant de gravir les pentes qui conduisaient à Wildstrubel.

Loëche maintenant était aussi sous la neige, et les demeures ne se reconnaissaient plus guère, ensevelies sous ce manteau pâle.

Puis, tournant à droite, il gagna le glacier de Lœmmern. Il allait de son pas allongé de montagnard, en frappant de son bâton ferré la neige aussi dure que la pierre. Et il cherchait avec son œil perçant le petit point noir et mouvant, au loin, sur cette nappe démesurée.

Quand il fut au bord du glacier, il s'arrêta, se demandant si le vieux avait bien pris ce chemin; puis il se mit à longer les moraines d'un pas plus rapide et plus inquiet.

Le jour baissait; les neiges devenaient roses; un vent sec et gelé courait par souffles brusques sur leur surface de cristal. Ulrich poussa un cri d'appel aigu, vibrant, prolongé. La voix s'envola dans le silence de mort où dormaient les montagnes; elle courut au loin, sur les vagues immobiles et profondes d'écume glaciale, comme un cri d'oiseau sur les vagues de la mer; puis elle s'éteignit et rien ne lui répondit.

Il se remit à marcher. Le soleil s'était enfoncé, là-bas, derrière les cimes que les reflets du ciel empourpraient encore; mais les profondeurs de la vallée devenaient grises. Et le jeune homme eut peur tout à coup. Il lui

sembla que le silence, le froid, la solitude, la
mort hivernale de ces monts entraient en lui,
allaient arrêter et geler son sang, raidir ses
membres, faire de lui un être immobile et
glacé. Et il se mit à courir, s'enfuyant vers sa
demeure. Le vieux, pensait-il, était rentré pendant son absence. Il avait pris un autre chemin; il serait assis devant le feu, avec un
chamois mort à ses pieds.

Bientôt il aperçut l'auberge. Aucune fumée
n'en sortait. Ulrich courut plus vite, ouvrit la
porte. Sam s'élança pour le fêter, mais Gaspard Hari n'était point revenu.

Effaré, Kunzi tournait sur lui-même, comme
s'il se fût attendu à découvrir son compagnon
caché dans un coin. Puis il ralluma le feu et
fit la soupe, espérant toujours voir revenir le
vieillard.

De temps en temps, il sortait pour regarder
s'il n'apparaissait pas. La nuit était tombée, la
nuit blafarde des montagnes, la nuit pâle,
la nuit livide qu'éclairait, au bord de l'horizon, un croissant jaune et fin prêt à tomber
derrière les sommets.

Puis le jeune homme rentrait, s'asseyait,
se chauffait les pieds et les mains en rêvant
aux accidents possibles.

Gaspard avait pu se casser une jambe,
tomber dans un trou, faire un faux pas qui

lui avait tordu la cheville. Et il restait étendu dans la neige, saisi, raidi par le froid, l'âme en détresse, criant, perdu, criant peut-être au secours, appelant de toute la force de sa gorge dans le silence de la nuit.

Mais où? La montagne était si vaste, si rude, si périlleuse aux environs, surtout en cette saison, qu'il aurait fallu être dix ou vingt guides et marcher pendant huit jours dans tous les sens pour trouver un homme en cette immensité.

Ulrich Kunzi, cependant, se résolut à partir avec Sam si Gaspard Hari n'était point revenu entre minuit et une heure du matin.

Et il fit ses préparatifs.

Il mit deux jours de vivres dans un sac, prit ses crampons d'acier, roula autour de sa taille une corde longue, mince et forte, vérifia l'état de son bâton ferré et de la hachette qui sert à tailler des degrés dans la glace. Puis il attendit. Le feu brûlait dans la cheminée; le gros chien ronflait sous la clarté de la flamme; l'horloge battait comme un cœur ses coups réguliers dans sa gaine de bois sonore.

Il attendait, l'oreille éveillée aux bruits lointains, frissonnant quand le vent léger frôlait le toit et les murs.

Minuit sonna; il tressaillit. Puis, comme il se sentait frémissant et apeuré, il posa de l'eau sur le feu, afin de boire du café bien chaud avant de se mettre en route.

Quand l'horloge fit tinter une heure, il se dressa, réveilla Sam, ouvrit la porte et s'en alla dans la direction du Wildstrubel. Pendant cinq heures, il monta, escaladant des rochers au moyen de ses crampons, taillant la glace, avançant toujours et parfois hâlant, au bout de sa corde, le chien resté en bas d'un escarpement trop rapide. Il était six heures environ, quand il atteignit un des sommets où le vieux Gaspard venait souvent à la recherche des chamois.

Et il attendit que le jour se levât.

Le ciel pâlissait sur sa tête; et soudain une lueur bizarre, née on ne sait d'où, éclaira brusquement l'immense océan des cimes pâles qui s'étendaient à cent lieues autour de lui. On eût dit que cette clarté vague sortait de la neige elle-même pour se répandre dans l'espace. Peu à peu les sommets lointains les plus hauts devinrent tous d'un rose tendre comme de la chair, et le soleil rouge apparut derrière les lourds géants des Alpes bernoises.

Ulrich Kunzi se remit en route. Il allait comme un chasseur, courbé, épiant des traces, disant au chien : «Cherche, mon gros, cherche.»

Il redescendait la montagne à présent,

14.

fouillant de l'œil les gouffres, et parfois appelant, jetant un cri prolongé, mort bien vite
dans l'immensité muette. Alors, il collait à
terre l'oreille, pour écouter; il croyait distinguer une voix, se mettait à courir, appelait
de nouveau, n'entendait plus rien et s'asseyait
épuisé, désespéré. Vers midi, il déjeuna et fit
manger Sam, aussi las que lui-même. Puis il
recommença ses recherches.

Quand le soir vint, il marchait encore,
ayant parcouru cinquante kilomètres de montagne. Comme il se trouvait trop loin de sa
maison pour y rentrer, et trop fatigué pour
se traîner plus longtemps, il creusa un trou
dans la neige et s'y blottit avec son chien,
sous une couverture qu'il avait apportée. Et ils
se couchèrent l'un contre l'autre, l'homme et
la bête, chauffant leurs corps l'un à l'autre
et gelés jusqu'aux moelles cependant.

Ulrich ne dormit guère, l'esprit hanté de
visions, les membres secoués de frissons.

Le jour allait paraître quand il se releva.
Ses jambes étaient raides comme des barres
de fer, son âme faible à le faire crier d'angoisse, son cœur palpitant à le laisser choir
d'émotion dès qu'il croyait entendre un bruit
quelconque.

Il pensa soudain qu'il allait aussi mourir
de froid dans cette solitude, et l'épouvante de

cette mort, fouettant son énergie, réveilla sa vigueur.

Il descendait maintenant vers l'auberge, tombant, se relevant, suivi de loin par Sam, qui boitait sur trois pattes.

Ils atteignirent Schwarenbach seulement vers quatre heures de l'après-midi. La maison était vide. Le jeune homme fit du feu, mangea et s'endormit, tellement abruti qu'il ne pensait plus à rien.

Il dormit longtemps, très longtemps, d'un sommeil invincible. Mais soudain, une voix, un cri, un nom : « Ulrich », secoua son engourdissement profond et le fit se dresser. Avait-il rêvé ? Était-ce un de ces appels bizarres qui traversent les rêves des âmes inquiètes ? Non, il l'entendait encore, ce cri vibrant, entré dans son oreille et resté dans sa chair jusqu'au bout de ses doigts nerveux. Certes, on avait crié ; on avait appelé : « Ulrich ! » Quelqu'un était là, près de la maison. Il n'en pouvait douter. Il ouvrit donc la porte et hurla : « C'est toi, Gaspard ! » de toute la puissance de sa gorge.

Rien ne répondit ; aucun son, aucun murmure, aucun gémissement, rien. Il faisait nuit. La neige était blême.

Le vent s'était levé, le vent glacé qui brise les pierres et ne laisse rien de vivant sur ces hauteurs abandonnées. Il passait par souffles brusques plus desséchants et plus mortels que le vent de feu du désert. Ulrich, de nouveau, cria : « Gaspard ! — Gaspard ! — Gaspard ! »

Puis il attendit. Tout demeura muet sur la montagne ! Alors une épouvante le secoua jusqu'aux os. D'un bond il rentra dans l'auberge, ferma la porte et poussa les verrous ; puis il tomba grelottant sur une chaise, certain qu'il venait d'être appelé par son camarade au moment où il rendait l'esprit.

De cela il était sûr, comme on est sûr de vivre ou de manger du pain. Le vieux Gaspard Hari avait agonisé pendant deux jours et trois nuits quelque part, dans un trou, dans un de ces profonds ravins immaculés dont la blancheur est plus sinistre que les ténèbres des souterrains. Il avait agonisé pendant deux jours et trois nuits, et il venait de mourir tout à l'heure en pensant à son compagnon. Et son âme, à peine libre, s'était envolée vers l'auberge où dormait Ulrich, et elle l'avait appelé de par la vertu mystérieuse et terrible qu'ont les âmes des morts de hanter les vivants. Elle avait crié, cette âme sans voix, dans l'âme accablée du dormeur ; elle avait crié son adieu dernier, ou son reproche, ou sa malédiction sur l'homme qui n'avait point assez cherché.

Et Ulrich la sentait là, tout près, derrière
le mur, derrière la porte qu'il venait de refermer. Elle rôdait, comme un oiseau de nuit
qui frôle de ses plumes une fenêtre éclairée;
et le jeune homme éperdu était prêt à hurler
d'horreur. Il voulait s'enfuir et n'osait point
sortir; il n'osait point et n'oserait plus désormais, car le fantôme resterait là, jour et nuit,
autour de l'auberge, tant que le corps du
vieux guide n'aurait pas été retrouvé et déposé dans la terre bénite d'un cimetière.

Le jour vint et Kunzi reprit un peu d'assurance au retour brillant du soleil. Il prépara
son repas, fit la soupe de son chien, puis il
demeura sur une chaise, immobile, le cœur
torturé, pensant au vieux couché sur la neige.

Puis, dès que la nuit recouvrit la montagne, des terreurs nouvelles l'assaillirent.
Il marchait maintenant dans la cuisine noire,
éclairée à peine par la flamme d'une chandelle, il marchait d'un bout à l'autre de la
pièce, à grands pas, écoutant, écoutant si le cri
effrayant de l'autre nuit n'allait pas encore
traverser le silence morne du dehors. Et il se
sentait seul, le misérable, comme aucun
homme n'avait jamais été seul! Il était seul
dans cet immense désert de neige, seul à deux
mille mètres au-dessus de la terre habitée, au-
dessus des maisons humaines, au-dessus de

la vie qui s'agite, bruit et palpite, seul dans le ciel glacé ! Une envie folle le tenaillait de se sauver n'importe où, n'importe comment, de descendre à Loëche en se jetant dans l'abîme; mais il n'osait seulement pas ouvrir la porte, sûr que l'autre, le mort, lui barrerait la route, pour ne pas rester seul non plus là-haut.

Vers minuit, las de marcher, accablé d'angoisse et de peur, il s'assoupit enfin sur une chaise, car il redoutait son lit comme on redoute un lieu hanté.

Et soudain le cri strident de l'autre soir lui déchira les oreilles, si suraigu qu'Ulrich étendit les bras pour repousser le revenant, et il tomba sur le dos avec son siège.

Sam, réveillé par le bruit, se mit à hurler comme hurlent les chiens effrayés, et il tournait autour du logis cherchant d'où venait le danger. Parvenu près de la porte, il flaira dessous, soufflant et reniflant avec force, le poil hérissé, la queue droite et grognant.

Kunzi, éperdu, s'était levé et, tenant par un pied sa chaise, il cria : « N'entre pas, n'entre pas, n'entre pas ou je te tue. » Et le chien, excité par cette menace, aboyait avec fureur contre l'invisible ennemi que défiait la voix de son maître.

Sam, peu à peu, se calma et revint s'étendre

auprès du foyer, mais il demeura inquiet, la tête levée, les yeux brillants et grondant entre ses crocs.

Ulrich, à son tour, reprit ses sens, mais comme il se sentait défaillir de terreur, il alla chercher une bouteille d'eau-de-vie dans le buffet, et il en but, coup sur coup, plusieurs verres. Ses idées devenaient vagues; son courage s'affermissait; une fièvre de feu glissait dans ses veines.

Il ne mangea guère le lendemain, se bornant à boire de l'alcool. Et pendant plusieurs jours de suite il vécut, saoul comme une brute. Dès que la pensée de Gaspard Hari lui revenait, il recommençait à boire jusqu'à l'instant où il tombait sur le sol, abattu par l'ivresse. Et il restait là, sur la face, ivre mort, les membres rompus, ronflant, le front par terre. Mais à peine avait-il digéré le liquide affolant et brûlant, que le cri toujours le même «Ulrich!» le réveillait comme une balle qui lui aurait percé le crâne; et il se dressait chancelant encore, étendant les mains pour ne point tomber, appelant Sam à son secours. Et le chien, qui semblait devenir fou comme son maître, se précipitait sur la porte, la grattait de ses griffes, la rongeait de ses longues dents blanches, tandis que le jeune homme, le col renversé, la tête en l'air, avalait à pleines gorgées, comme de l'eau fraîche après une course, l'eau-de-vie qui tout à l'heure endormirait de nouveau sa pensée, et son souvenir, et sa terreur éperdue.

En trois semaines, il absorba toute sa provision d'alcool. Mais cette saoulerie continue ne faisait qu'assoupir son épouvante qui se réveilla plus furieuse dès qu'il lui fut impossible de la calmer. L'idée fixe alors, exaspérée par un mois d'ivresse, et grandissant sans cesse dans l'absolue solitude, s'enfonçait en lui à la façon d'une vrille. Il marchait maintenant dans sa demeure ainsi qu'une bête en cage, collant son oreille à la porte pour écouter si l'autre était là, et le défiant, à travers le mur.

Puis, dès qu'il sommeillait, vaincu par la fatigue, il entendait la voix qui le faisait bondir sur ses pieds.

Une nuit enfin, pareil aux lâches poussés à bout, il se précipita sur la porte et l'ouvrit pour voir celui qui l'appelait et pour le forcer à se taire.

Il reçut en plein visage un souffle d'air froid qui le glaça jusqu'aux os et il referma le battant et poussa les verrous, sans remarquer que Sam s'était élancé dehors. Puis, frémissant, il jeta du bois au feu, et s'assit devant pour se chauffer; mais soudain il tressaillit, quelqu'un grattait le mur en pleurant.

Il cria éperdu : « Va-t'en. » Une plainte lui répondit, longue et douloureuse.

Alors tout ce qui lui restait de raison fut emporté par la terreur. Il répétait « Va-t'en » en tournant sur lui-même pour trouver un coin où se cacher. L'autre, pleurant toujours, passait le long de la maison en se frottant contre le mur. Ulrich s'élança vers le buffet de chêne plein de vaisselle et de provisions, et, le soulevant avec une force surhumaine, il le traîna jusqu'à la porte, pour s'appuyer d'une barricade. Puis, entassant les uns sur les autres tout ce qui restait de meubles, les matelas, les paillasses, les chaises, il boucha la fenêtre comme on fait lorsqu'un ennemi vous assiège.

Mais celui du dehors poussait maintenant de grands gémissements lugubres auxquels le jeune homme se mit à répondre par des gémissements pareils.

Et des jours et des nuits se passèrent sans qu'ils cessassent de hurler l'un et l'autre. L'un tournait sans cesse autour de la maison et fouillait la muraille de ses ongles avec tant de force qu'il semblait vouloir la démolir ; l'autre, au dedans, suivait tous ses mouvements, courbé, l'oreille collée contre la pierre, et il répondait à tous ses appels par d'épouvantables cris.

Un soir, Ulrich n'entendit plus rien, et il s'assit, tellement brisé de fatigue qu'il s'endormit aussitôt.

Il se réveilla sans un souvenir, sans une pensée, comme si toute sa tête se fût vidée pendant ce sommeil accablé. Il avait faim, il mangea.

. . . .

L'hiver était fini. Le passage de la Gemmi redevenait praticable; et la famille Hauser se mit en route pour rentrer dans son auberge.

Dès qu'elles eurent atteint le haut de la montée les femmes grimpèrent sur leur mulet, et elles parlèrent des deux hommes qu'elles allaient retrouver tout à l'heure.

Elles s'étonnaient que l'un d'eux ne fût pas descendu quelques jours plus tôt, dès que la route était devenue possible, pour donner des nouvelles de leur long hivernage.

On aperçut enfin l'auberge encore couverte et capitonnée de neige. La porte et la fenêtre étaient closes; un peu de fumée sortait du toit, ce qui rassura le père Hauser. Mais en approchant, il aperçut, sur le seuil, un squelette d'animal dépecé par les aigles, un grand squelette couché sur le flanc.

Tous l'examinèrent : «Ça doit être Sam », dit la mère. Et elle appela : « Hé, Gaspard. » Un cri répondit à l'intérieur, un cri aigu, qu'on eût dit poussé par une bête. Le père Hauser répéta : « Hé, Gaspard. » Un autre cri pareil au premier se fit entendre.

Alors les trois hommes, le père et les deux fils, essayèrent d'ouvrir la porte. Elle résista. Ils prirent dans l'étable vide une longue poutre comme bélier, et la lancèrent à toute volée. Le bois cria, céda, les planches volèrent en morceaux; puis un grand bruit ébranla la maison et ils aperçurent dedans, derrière le buffet écroulé, un homme debout, avec des cheveux qui lui tombaient aux épaules, une barbe qui lui tombait sur la poi-trine, des yeux brillants et des lambeaux d'étoffe sur le corps.

Ils ne le reconnaissaient point, mais Louise Hauser s'écria : « C'est Ulrich, maman.» Et la mère constata que c'était Ulrich, bien que ses cheveux fussent blancs.

Il les laissa venir; il se laissa toucher; mais il ne répondit point aux questions qu'on lui posa; et il fallut le conduire à Loëche où les médecins constatèrent qu'il était fou.

Et personne ne sut jamais ce qu'était de-venu son compagnon.

La petite Hauser faillit mourir, cet été-là,

d'une maladie de langueur qu'on attribua au
froid de la montagne.

L'Auberge a paru dans *Les Lettres et les Arts* du 1er septembre 1886.

LE VAGABOND

LE VAGABOND.

Depuis quarante jours, il marchait, cherchant partout du travail. Il avait quitté son pays, Ville-Avaray, dans la Manche, parce que l'ouvrage manquait. Compagnon charpentier, âgé de vingt-sept ans, bon sujet, vaillant, il était resté pendant deux mois à la charge de sa famille, lui, fils aîné, n'ayant plus qu'à croiser ses bras vigoureux, dans le chômage général. Le pain devint rare dans la maison ; les deux sœurs allaient en journée, mais gagnaient peu ; et lui, Jacques Randel, le plus fort, ne faisait rien parce qu'il n'avait rien à faire, et mangeait la soupe des autres.

Alors, il s'était informé à la mairie ; et le secrétaire avait répondu qu'on trouvait à s'occuper dans le Centre.

Il était donc parti, muni de papiers et de certificats, avec sept francs dans sa poche et portant sur l'épaule, dans un mouchoir bleu attaché au bout de son bâton, une paire de souliers de rechange, une culotte et une chemise.

Et il avait marché sans repos, pendant les jours et les nuits, par les interminables routes, sous le soleil et sous les pluies, sans arriver jamais à ce pays mystérieux où les ouvriers trouvent de l'ouvrage.

Il s'entêta d'abord à cette idée qu'il ne devait travailler qu'à la charpente, puisqu'il était charpentier. Mais, dans tous les chantiers où il se présenta, on répondit qu'on venait de congédier des hommes, faute de commandes, et il se résolut, se trouvant à bout de ressources, à accomplir toutes les besognes qu'il rencontrerait sur son chemin.

Donc, il fut tour à tour terrassier, valet d'écurie, scieur de pierres; il cassa du bois, ébrancha des arbres, creusa un puits, mêla du mortier, lia des fagots, garda des chèvres sur une montagne, tout cela moyennant quelques sous, car il n'obtenait, de temps en temps, deux ou trois jours de travail qu'en se proposant à vil prix, pour tenter l'avarice des patrons et des paysans.

Et maintenant, depuis une semaine, il ne

trouvait plus rien, il n'avait plus rien et il
mangeait un peu de pain, grâce à la charité
des femmes qu'il implorait sur le seuil des
portes, en passant le long des routes.

Le soir tombait, Jacques Randel harassé,
les jambes brisées, le ventre vide, l'âme en
détresse, marchait nu-pieds sur l'herbe au
bord du chemin, car il ménageait sa dernière
paire de souliers, l'autre n'existant plus depuis longtemps déjà. C'était un samedi, vers
la fin de l'automne. Les nuages gris roulaient
dans le ciel, lourds et rapides, sous les poussées du vent qui sifflait dans les arbres. On
sentait qu'il pleuvrait bientôt. La campagne
était déserte, à cette tombée de jour, la veille
d'un dimanche. De place en place, dans les
champs, s'élevaient, pareilles à des cham-
pignons jaunes, monstrueux, des meules
de paille égrenées; et les terres semblaient
nues, étant ensemencées déjà pour l'autre
année.

Randel avait faim, une faim de bête, une
de ces faims qui jettent les loups sur les
hommes. Exténué, il allongeait les jambes
pour faire moins de pas, et, la tête pesante,
le sang bourdonnant aux tempes, les yeux
rouges, la bouche sèche, il serrait son bâton
dans sa main avec l'envie vague de frapper
à tour de bras sur le premier passant qu'il

rencontrerait rentrant chez lui manger la soupe.

Il regardait les bords de la route avec l'image, dans les yeux, de pommes de terre défouies, restées sur le sol retourné. S'il en avait trouvé quelques-unes, il eût ramassé du bois mort, fait un petit feu dans le fossé, et bien soupé, ma foi, avec le légume chaud et rond, qu'il eût tenu d'abord, brûlant, dans ses mains froides.

Mais la saison était passée, et il devrait, comme la veille, ronger une betterave crue, arrachée dans un sillon.

Depuis deux jours il parlait haut en allongeant le pas sous l'obsession de ses idées. Il n'avait guère pensé, jusque-là, appliquant tout son esprit, toutes ses simples facultés, à sa besogne professionnelle. Mais voilà que la fatigue, cette poursuite acharnée d'un travail introuvable, les refus, les rebuffades, les nuits passées sur l'herbe, le jeûne, le mépris qu'il sentait chez les sédentaires pour le vagabond, cette question posée chaque jour : « Pourquoi ne restez-vous pas chez vous ? » le chagrin de ne pouvoir occuper ses bras vaillants qu'il sentait pleins de force, le souvenir des parents demeurés à la maison et qui n'avaient guère de sous, non plus, l'emplissaient peu à peu d'une colère lente, amassée

chaque jour, chaque heure, chaque minute,
et qui s'échappait de sa bouche, malgré lui,
en phrases courtes et grondantes.

Tout en trébuchant sur les pierres qui
roulaient sous ses pieds nus, il grognait :
« Misère... misère... tas de cochons... laisser
crever de faim un homme... un charpentier...
tas de cochons... pas quatre sous... pas
quatre sous... v'là qu'il pleut... tas de cochons !...»

Il s'indignait de l'injustice du sort et s'en
prenait aux hommes, à tous les hommes, de
ce que la nature, la grande mère aveugle, est
inéquitable, féroce et perfide.

Il répétait, les dents serrées : « Tas de
cochons ! » en regardant la mince fumée grise
qui sortait des toits, à cette heure du dîner.
Et, sans réfléchir à cette autre injustice, humaine celle-là, qui se nomme violence et vol,
il avait envie d'entrer dans une de ces demeures, d'assommer les habitants et de se
mettre à table, à leur place.

Il disait : « J'ai pas le droit de vivre, maintenant... puisqu'on me laisse crever de faim...
je ne demande qu'à travailler, pourtant... tas
de cochons ! » Et la souffrance de ses membres, la souffrance de son ventre, la souffrance
de son cœur lui montaient à la tête comme
une ivresse redoutable, et faisaient naître, en

son cerveau, cette idée simple : « J'ai le droit de vivre, puisque je respire, puisque l'air est à tout le monde. Alors, donc, on n'a pas le droit de me laisser sans pain ! »

La pluie tombait, fine, serrée, glacée. Il s'arrêta et murmura : « Misère... encore un mois de route avant de rentrer à la maison... » Il revenait en effet chez lui maintenant, comprenant qu'il trouverait plutôt à s'occuper dans sa ville natale, où il était connu, en faisant n'importe quoi, que sur les grands chemins où tout le monde le suspectait.

Puisque la charpente n'allait pas, il deviendrait manœuvre, gâcheur de plâtre, terrassier, casseur de cailloux. Quand il ne gagnerait que vingt sous par jour, ce serait toujours de quoi manger.

Il noua autour de son cou ce qui restait de son dernier mouchoir, afin d'empêcher l'eau froide de lui couler dans le dos et sur la poitrine. Mais il sentit bientôt qu'elle traversait déjà la mince toile de ses vêtements et il jeta autour de lui un regard d'angoisse, d'être perdu qui ne sait plus où cacher son corps, où reposer sa tête, qui n'a pas un abri par le monde.

La nuit venait, couvrant d'ombre les champs. Il aperçut, au loin, dans un pré, une tache sombre sur l'herbe, une vache. Il

enjamba le fossé de la route et alla vers elle,
sans trop savoir ce qu'il faisait.

Quand il fut auprès, elle leva vers lui sa
grosse tête, et il pensa : « Si seulement j'avais
un pot, je pourrais boire un peu de lait. »

Il regardait la vache ; et la vache le regardait ; puis, soudain, lui lançant dans le
flanc un grand coup de pied : « Debout ! »
dit-il.

La bête se dressa lentement, laissant
pendre sous elle sa lourde mamelle ; alors
l'homme se coucha sur le dos, entre les pattes
de l'animal, et il but, longtemps, longtemps,
pressant de ses deux mains le pis gonflé,
chaud, et qui sentait l'étable. Il but tant qu'il
resta du lait dans cette source vivante.

Mais la pluie glacée tombait plus serrée, et
toute la plaine était nue sans lui montrer un
refuge. Il avait froid ; et il regardait une lumière qui brillait entre les arbres, à la fenêtre
d'une maison.

La vache s'était recouchée, lourdement. Il
s'assit à côté d'elle, en lui flattant la tête,
reconnaissant d'avoir été nourri. Le souffle
épais et fort de la bête, sortant de ses naseaux
comme deux jets de vapeur dans l'air du soir,
passait sur la face de l'ouvrier qui se mit à
dire : « Tu n'as pas froid là dedans, toi. »

Maintenant, il promenait ses mains sur le

poitrail, sous les pattes, pour y trouver de la chaleur. Alors une idée lui vint, celle de se coucher et de passer la nuit contre ce gros ventre tiède. Il chercha donc une place, pour être bien, et posa juste son front contre la mamelle puissante qui l'avait abreuvé tout à l'heure. Puis, comme il était brisé de fatigue, il s'endormit tout à coup.

Mais, plusieurs fois, il se réveilla, le dos ou le ventre glacé, selon qu'il appliquait l'un ou l'autre sur le flanc de l'animal ; alors il se retournait pour réchauffer et sécher la partie de son corps qui était restée à l'air de la nuit ; et il se rendormit bientôt de son sommeil accablé.

Un coq chantant le mit debout. L'aube allait paraître ; il ne pleuvait plus ; le ciel était pur.

La vache se reposait, le mufle sur le sol ; il se baissa en s'appuyant sur ses mains, pour baiser cette large narine de chair humide, et il dit : « Adieu, ma belle... à une autre fois... t'es une bonne bête... Adieu... »

Puis il mit ses souliers, et s'en alla.

Pendant deux heures, il marcha devant lui, suivant toujours la même route ; puis une lassitude l'envahit si grande, qu'il s'assit dans l'herbe.

Le jour était venu ; les cloches des églises

sonnaient, des hommes en blouse bleue, des femmes en bonnet blanc, soit à pied, soit montés en des charrettes, commençaient à passer sur les chemins, allant aux villages voisins fêter le dimanche chez des amis, chez des parents.

Un gros paysan parut, poussant devant lui une vingtaine de moutons inquiets et bêlants qu'un chien rapide maintenait en troupeau.

Randel se leva, salua : « Vous n'auriez pas du travail pour un ouvrier qui meurt de faim ? » dit-il.

L'autre répondit en jetant au vagabond un regard méchant :

— Je n'ai point de travail pour les gens que je rencontre sur les routes.

Et le charpentier retourna s'asseoir sur le fossé.

Il attendit longtemps ; regardant défiler devant lui les campagnards, et cherchant une bonne figure, un visage compatissant pour recommencer sa prière.

Il choisit une sorte de bourgeois en redingote, dont une chaîne d'or ornait le ventre.

— Je cherche du travail depuis deux mois, dit-il. Je ne trouve rien ; et je n'ai plus un sou dans ma poche.

Le demi-monsieur répliqua : « Vous auriez

dû lire l'avis affiché à l'entrée du pays. — La mendicité est interdite sur le territoire de la commune. — Sachez que je suis le maire, et, si vous ne filez pas bien vite, je vais vous faire ramasser. »

Randel, que la colère gagnait, murmura : « Faites-moi ramasser si vous voulez, j'aime mieux cela, je ne mourrai pas de faim, au moins. »

Et il retourna s'asseoir sur son fossé.

Au bout d'un quart d'heure, en effet, deux gendarmes apparurent sur la route. Ils marchaient lentement, côte à côte, bien en vue, brillants au soleil avec leurs chapeaux cirés, leurs buffleteries jaunes et leurs boutons de métal, comme pour effrayer les malfaiteurs et les mettre en fuite de loin, de très loin.

Le charpentier comprit bien qu'ils venaient pour lui; mais il ne remua pas, saisi soudain d'une envie sourde de les braver, d'être pris par eux, et de se venger, plus tard.

Ils approchaient sans paraître l'avoir vu, allant de leur pas militaire, lourd et balancé comme la marche des oies. Puis tout à coup, en passant devant lui, ils eurent l'air de le découvrir, s'arrêtèrent et se mirent à le dévisager d'un œil menaçant et furieux.

Et le brigadier s'avança en demandant :

— Qu'est-ce que vous faites ici ?

L'homme répliqua tranquillement :

— Je me repose.

— D'où venez-vous ?

— S'il fallait vous dire tous les pays où j'ai passé, j'en aurais pour plus d'une heure.

— Où allez-vous ?

— A Ville-Avaray.

— Où c'est-il ça ?

— Dans la Manche.

— C'est votre pays ?

— C'est mon pays.

— Pourquoi en êtes-vous parti ?

— Pour chercher du travail.

Le brigadier se retourna vers son gendarme, et, du ton colère d'un homme que la même supercherie finit par exaspérer :

— Ils disent tous ça, ces bougres-là. Mais je la connais, moi.

Puis il reprit :

— Vous avez des papiers ?

— Oui, j'en ai.

— Donnez-les.

Randel prit dans sa poche ses papiers, ses certificats, de pauvres papiers usés et sales qui s'en allaient en morceaux, et les tendit au soldat.

L'autre les épelait en ânonnant, puis constatant qu'ils étaient en règle, il les rendit avec l'air mécontent d'un homme qu'un plus malin vient de jouer.

Après quelques moments de réflexion, il demanda de nouveau :

— Vous avez de l'argent sur vous ?

— Non.

— Rien ?

— Rien.

— Pas un sou seulement ?

— Pas un sou seulement !

— De quoi vivez-vous, alors ?

— De ce qu'on me donne.

— Vous mendiez, alors ?

Randel répondit résolument :

— Oui, quand je peux.

Mais le gendarme déclara : « Je vous prends en flagrant délit de vagabondage et de mendicité, sans ressource et sans profession, sur la route, et je vous enjoins de me suivre. »

Le charpentier se leva.

— Ousque vous voudrez, dit-il.

Et se plaçant entre les deux militaires avant même d'en recevoir l'ordre, il ajouta :

— Allez, coffrez-moi. Ça me mettra un toit sur la tête quand il pleut.

Et ils partirent vers le village dont on apercevait les tuiles, à travers les arbres dépouillés de feuilles, à un quart de lieue de distance.

C'était l'heure de la messe, quand ils

traversèrent le pays. La place était pleine de monde, et deux haies se formèrent aussitôt pour voir passer le malfaiteur qu'une troupe d'enfants excités suivait. Paysans et paysannes le regardaient, cet homme arrêté, entre deux gendarmes, avec une haine allumée dans les yeux, et une envie de lui jeter des pierres, de lui arracher la peau avec les ongles, de l'écraser sous leurs pieds. On se demandait s'il avait volé et s'il avait tué. Le boucher, ancien spahi, affirma : « C'est un déserteur. » Le débitant de tabac crut le reconnaître pour un homme qui lui avait passé une pièce fausse de cinquante centimes, le matin même, et le quincaillier vit en lui indubitablement l'introuvable assassin de la veuve Malet que la police cherchait depuis six mois.

Dans la salle du conseil municipal, où ses gardiens le firent entrer, Randel retrouva le maire, assis devant la table des délibérations et flanqué de l'instituteur.

— Ah! ah! s'écria le magistrat, vous revoilà, mon gaillard. Je vous avais bien dit que je vous ferais coffrer. Eh bien, brigadier, qu'est-ce que c'est? »

Le brigadier répondit : « Un vagabond sans feu ni lieu, monsieur le maire, sans ressources et sans argent sur lui, à ce qu'il affirme,

arrêté en état de mendicité et de vagabondage, muni de bons certificats et de papiers
bien en règle. »

— Montrez-moi ces papiers, dit le maire.
Il les prit, les lut, les relut, les rendit, puis
ordonna : «Fouillez-le.» On fouilla Randel;
on ne trouva rien.

Le maire semblait perplexe. Il demanda à
l'ouvrier :

— Que faisiez-vous, ce matin, sur la
route?

— Je cherchais de l'ouvrage.

— De l'ouvrage?... Sur la grand'route?

— Comment voulez-vous que j'en trouve,
si je me cache dans les bois?

Ils se dévisageaient tous les deux avec une
haine de bêtes appartenant à des races enne-
mies. Le magistrat reprit : « Je vais vous faire
mettre en liberté, mais que je ne vous y re-
prenne pas ! »

Le charpentier répondit : «J'aime mieux
que vous me gardiez. J'en ai assez de courir
les chemins. »

Le maire prit un air sévère :

— Taisez-vous.

Puis il ordonna aux gendarmes :

— Vous conduirez cet homme à deux
cents mètres du village, et vous le laisserez
continuer son chemin.

L'ouvrier dit : « Faites-moi donner à manger, au moins. »

L'autre fut indigné : « Il ne manquerait plus que de vous nourrir ! Ah ! ah ! ah ! elle est forte celle-là ! »

Mais Randel reprit avec fermeté : « Si vous me laissez encore crever de faim, vous me forcerez à faire un mauvais coup. Tant pis pour vous autres, les gros. »

Le maire s'était levé, et il répéta :

— Emmenez-le vite, parce que je finirais par me fâcher.

Les deux gendarmes saisirent donc le charpentier par les bras et l'entraînèrent. Il se laissa faire, retraversa le village, se retrouva sur la route ; et les hommes l'ayant conduit à deux cents mètres de la borne kilométrique, le brigadier déclara :

— Voilà, filez et que je ne vous revoie point dans le pays, ou bien vous aurez de mes nouvelles.

Et Randel se mit en route sans rien répondre, et sans savoir où il allait. Il marcha devant lui un quart d'heure ou vingt minutes, tellement abruti qu'il ne pensait plus à rien.

Mais soudain, en passant devant une petite maison dont la fenêtre était entr'ouverte une odeur de pot-au-feu lui entra dans la poitrine et l'arrêta net, devant ce logis.

Et, tout à coup, la faim, une faim féroce, dévorante, affolante, le souleva, faillit le jeter comme une brute contre les murs de cette demeure.

Il dit, tout haut, d'une voix grondante : «Nom de Dieu! faut qu'on m'en donne, cette fois.» Et il se mit à heurter la porte à grands coups de son bâton. Personne ne répondit; il frappa plus fort, criant : «Hé! hé! hé! là dedans, les gens! hé! ouvrez!»

Rien ne remua; alors, s'approchant de la fenêtre, il la poussa avec sa main, et l'air enfermé de la cuisine, l'air tiède plein de senteurs de bouillon chaud, de viande cuite et de choux s'échappa vers l'air froid du dehors.

D'un saut, le charpentier fut dans la pièce. Deux couverts étaient mis sur une table. Les propriétaires, partis sans doute à la messe, avaient laissé sur le feu leur dîner, le bon bouilli du dimanche, avec la soupe grasse aux légumes.

Un pain frais attendait sur la cheminée, entre deux bouteilles qui semblaient pleines.

Randel d'abord se jeta sur le pain, le cassa avec autant de violence que s'il eût étranglé un homme, puis il se mit à le manger voracement, par grandes bouchées vite avalées. Mais l'odeur de la viande, presque aussitôt, l'attira vers la cheminée, et, ayant ôté le couvercle du pot, il y plongea une fourchette et fit sortir un gros morceau de bœuf, lié d'une ficelle. Puis il prit encore des choux, des carottes, des oignons, jusqu'à ce que son assiette fût pleine, et, l'ayant posée sur la table, il s'assit devant, coupa le bouilli en quatre parts et dîna comme s'il eût été chez lui. Quand il eut dévoré le morceau presque entier, plus une quantité de légumes, il s'aperçut qu'il avait soif et il alla chercher une des bouteilles posées sur la cheminée.

A peine vit-il le liquide en son verre qu'il reconnut de l'eau-de-vie. Tant pis, c'était chaud, cela lui mettrait du feu dans les veines, ce serait bon, après avoir eu si froid ; et il but.

Il trouva cela bon en effet, car il en avait perdu l'habitude ; il s'en versa de nouveau un plein verre, qu'il avala en deux gorgées. Et, presque aussitôt, il se sentit gai, réjoui par l'alcool comme si un grand bonheur lui avait coulé dans le ventre.

Il continuait à manger, moins vite, en mâchant lentement et trempant son pain dans le bouillon. Toute la peau de son corps était devenue brûlante, le front surtout où le sang battait.

Mais, soudain, une cloche tinta au loin.

C'était la messe qui finissait ; et un instinct
plutôt qu'une peur, l'instinct de prudence
qui guide et rend perspicaces tous les êtres
en danger, fit se dresser le charpentier, qui
mit dans une poche le reste du pain, dans
l'autre la bouteille d'eau-de-vie, et, à pas
furtifs, gagna la fenêtre et regarda la route.

Elle était encore toute vide. Il sauta et se
remit en marche ; mais, au lieu de suivre le
grand chemin, il fuit à travers champs vers
un bois qu'il apercevait.

Il se sentait alerte, fort, joyeux, content de
ce qu'il avait fait et tellement souple qu'il
sautait les clôtures des champs, à pieds
joints, d'un seul bond.

Dès qu'il fut sous les arbres, il tira de nouveau la bouteille de sa poche, et se remit à
boire, par grandes lampées, tout en marchant. Alors ses idées se brouillèrent, ses
yeux devinrent troubles, ses jambes élas-
tiques comme des ressorts.

Il chantait la vieille chanson populaire :

> Ah ! qu'il fait donc bon
> Qu'il fait donc bon
> Cueillir la fraise.

Il marchait maintenant sur une mousse
épaisse, humide et fraîche, et ce tapis doux

sous les pieds lui donna des envies folles de
faire la culbute, comme un enfant.

Il prit son élan, cabriola, se releva, recommença. Et, entre chaque pirouette, il se
remettait à chanter :

> Ah! qu'il fait donc bon
> Qu'il fait donc bon
> Cueillir la fraise.

Tout à coup, il se trouva au bord d'un
chemin creux et il aperçut, dans le fond, une
grande fille, une servante qui rentrait au
village, portant aux mains deux seaux de lait,
écartés d'elle par un cercle de barrique.

Il la guettait, penché, les yeux allumés
comme ceux d'un chien qui voit une caille.

Elle le découvrit, leva la tête, se mit à rire
et lui cria :

— C'est-il vous qui chantiez comme ça?

Il ne répondit point et sauta dans le ravin,
bien que le talus fût haut de six pieds au
moins.

Elle dit, le voyant soudain debout devant
elle : « Cristi, vous m'avez fait peur! »

Mais il ne l'entendait pas, il était ivre, il
était fou, soulevé par une autre rage plus
dévorante que la faim, enfiévré par l'alcool,
par l'irrésistible furie d'un homme qui manque

de tout, depuis deux mois, et qui est gris, et qui est jeune, ardent, brûlé par tous les appétits que la nature a semés dans la chair vigoureuse des mâles.

La fille reculait devant lui, effrayée de son visage, de ses yeux, de sa bouche entr'ouverte, de ses mains tendues.

Il la saisit par les épaules, et, sans dire un mot, la culbuta sur le chemin.

Elle laissa tomber ses seaux qui roulèrent à grand bruit en répandant leur lait, puis elle cria, puis, comprenant que rien ne servirait d'appeler dans ce désert, et voyant bien à présent qu'il n'en voulait pas à sa vie, elle céda, sans trop de peine, pas très fâchée, car il était fort, le gars, mais par trop brutal vraiment.

Quand elle se fut relevée, l'idée de ses seaux répandus l'emplit tout à coup de fureur, et, ôtant son sabot d'un pied, elle se jeta, à son tour, sur l'homme, pour lui casser la tête s'il ne payait pas son lait.

Mais lui, se méprenant à cette attaque violente, un peu dégrisé, éperdu, épouvanté de ce qu'il avait fait, se sauva de toute la vitesse de ses jarrets, tandis qu'elle lui jetait des pierres, dont quelques-unes l'atteignirent dans le dos.

Il courut longtemps, longtemps, puis il se

sentit las comme il ne l'avait jamais été. Ses
jambes devenaient molles à ne le plus porter;
toutes ses idées étaient brouillées, il perdait
souvenir de tout, ne pouvait plus réfléchir
à rien.

Et il s'assit au pied d'un arbre.

Au bout de cinq minutes il dormait.

Il fut réveillé par un grand choc, et, ouvrant les yeux, il aperçut deux tricornes de
cuir verni penchés sur lui, et les deux gendarmes du matin qui lui tenaient et lui liaient
les bras.

— Je savais bien que je te repincerais,
dit le brigadier goguenard.

Randel se leva sans répondre un mot. Les
hommes le secouaient, prêts à le rudoyer, s'il
faisait un geste, car il était leur proie à présent, il était devenu du gibier de prison,
capturé par ces chasseurs de criminels qui ne
le lâcheraient plus.

— En route! commanda le gendarme.

Ils partirent. Le soir venait, étendant sur
la terre un crépuscule d'automne, lourd et
sinistre.

Au bout d'une demi-heure, ils atteignirent
le village.

Toutes les portes étaient ouvertes, car on
savait les événements. Paysans et paysannes,
soulevés de colère, comme si chacun eût été

volé, comme si chacune eût été violée, vou-
laient voir rentrer le misérable pour lui jeter
des injures.

Ce fut une huée qui commença à la première maison pour finir à la mairie, où le
maire attendait aussi, vengé lui-même de ce
vagabond.

Dès qu'il l'aperçut, il cria de loin :

— Ah ! mon gaillard ! nous y sommes.

Et il se frottait les mains, content comme
il l'était rarement.

Il reprit : « Je l'avais dit, je l'avais dit, rien
qu'en le voyant sur la route. »

Puis, avec un redoublement de joie :

— Ah ! gredin, ah ! sale gredin, tu tiens
tes vingt ans, mon gaillard !

Le Vagabond a paru dans *la Nouvelle Revue* du 1er janvier 1887.

LE

VOYAGE DU HORLA

LE

VOYAGE DU HORLA.

J'AVAIS reçu, dans la matinée du 8 juillet, le télégramme que voici : «Beau temps. Toujours mes prédictions. Frontières belges. Départ du matériel et du personnel à midi, au siège social. Commencement des manœuvres à trois heures. Ainsi donc je vous attends à l'usine à partir de cinq heures. Jovis.»

A cinq heures précises, j'entrais à l'usine à gaz de la Villette. On dirait les ruines colossales d'une ville de cyclopes. D'énormes et sombres avenues s'ouvrent entre les lourds gazomètres alignés l'un derrière l'autre, pareilles à des colonnes monstrueuses, tronquées, inégalement hautes et qui portaient sans doute, autrefois, quelque effrayant édifice de fer.

Dans la cour d'entrée gît le ballon, une

grande galette de toile jaune, aplatie à terre sous un filet. On appelle cela la mise en épervier ; et il a l'air en effet d'un vaste poisson pris et mort.

Deux ou trois cents personnes le regardent, assises ou debout, ou bien examinent la nacelle, un joli panier carré, un panier à chair humaine qui porte sur son flanc, en lettres d'or, dans une plaque d'acajou : *Le Horla*.

On se précipite soudain, car le gaz pénètre enfin dans le ballon par un long tube de toile jaune qui rampe sur le sol, se gonfle, palpite comme un ver démesuré. Mais une autre pensée, une autre image frappent tous les yeux et tous les esprits. C'est ainsi que la nature elle-même nourrit les êtres jusqu'à leur naissance. La bête qui s'envolera tout à l'heure commence à se soulever, et les aides du capitaine Jovis, à mesure que *le Horla* grossit, étendent et mettent en place le filet qui le couvre de façon à ce que la pression soit bien régulière et également répartie sur tous les points.

Cette opération est fort délicate et fort importante ; car la résistance de la toile de coton, si mince, dont est fait l'aérostat, est calculée non en raison de l'étendue du contact de cette toile avec le filet, mais aux mailles serrées qui portera la nacelle.

Le Horla, d'ailleurs, a été dessiné par
M. Mallet, construit sous ses yeux et par lui.
Tout a été fait dans les ateliers de M. Jovis,
par le personnel actif de la société, et rien au
dehors.

Ajoutons que tout est nouveau dans ce
ballon, depuis le vernis jusqu'à la soupape,
ces deux choses essentielles de l'aérostation.
Il doit rendre la toile impénétrable au gaz,
comme les flancs d'un navire sont impéné-
trables à l'eau. Les anciens vernis à base
d'huile de lin avaient le double inconvénient
de fermenter et de brûler la toile qui, en peu
de temps, se déchirait comme du papier.

Les soupapes offraient ce danger de se
refermer imparfaitement dès qu'elles avaient
été ouvertes et qu'était brisé l'enduit, dit cata-
plasme, dont on les garnissait. La chute de
M. Lhoste, en pleine mer et en pleine nuit,
a prouvé, l'autre semaine, l'imperfection du
vieux système.

On peut dire que les deux découvertes du
capitaine Jovis, celle du vernis principale-
ment, sont d'une valeur inestimable pour
l'aérostation.

On en parle d'ailleurs dans la foule, et des
hommes qui semblent être des spécialistes
affirment avec autorité que nous serons re-
tombés avant les fortifications. Beaucoup

d'autres choses encore sont blâmées dans ce ballon d'un nouveau type que nous allons expérimenter avec tant de bonheur et de succès.

Il grossit toujours, lentement. On y découvre de petites déchirures faites pendant le transport; et on les bouche, selon l'usage, avec des morceaux de journal appliqués sur la toile en les mouillant. Ce procédé d'obstruction inquiète et émeut le public.

Pendant que le capitaine Jovis et son personnel s'occupent des derniers détails, les voyageurs vont dîner à la cantine de l'usine à gaz, selon la coutume établie.

Quand nous ressortons, l'aérostat se balance, énorme et transparent, prodigieux fruit d'or, poire fantastique que mûrissent encore; en la couvrant de feu, les derniers rayons du soleil.

Voici qu'on attache la nacelle, qu'on apporte les baromètres, la sirène que nous ferons gémir et mugir dans la nuit, les deux trompes aussi, et les provisions de bouche, les pardessus, tout le petit matériel que peut contenir, avec les hommes, ce panier volant.

Comme le vent pousse le ballon sur les gazomètres, on doit à plusieurs reprises l'en éloigner pour éviter un accident au départ.

Tout à coup le capitaine Jovis appelle les passagers.

Le lieutenant Mallet grimpe d'abord dans le filet aérien entre la nacelle et l'aérostat, d'où il surveillera, durant toute la nuit, la marche du *Horla* à travers le ciel, comme l'officier de quart, debout sur la passerelle, surveille la marche du navire.

M. Étienne Beer monte ensuite, puis M. Paul Bessand, puis M. Patrice Eyriès, et puis moi.

Mais l'aérostat est trop chargé pour la longue traversée que nous devons entreprendre, et M. Eyriès doit, non sans grand regret, quitter sa place.

M. Jovis, debout sur le bord de la nacelle, prie, en termes fort galants, les dames de s'écarter un peu, car il craint, en s'élevant, de jeter du sable sur leurs chapeaux, puis il commande : « Lâchez tout ! » et tranchant d'un coup de couteau les cordes qui suspendent autour de nous le lest accessoire qui nous retient à terre, il donne au *Horla* sa liberté.

En une seconde, nous sommes partis. On ne sent rien ; on flotte, on monte, on vole, on plane. Nos amis crient et applaudissent, nous ne les entendons presque plus ; nous ne les voyons qu'à peine. Nous sommes déjà si loin ! si haut ! Quoi ! nous venons de quitter ces gens là-bas? Est-ce possible? Sous nous maintenant, Paris s'étale, une plaque sombre, bleuâtre, hachée par les rues, et d'où s'élancent de place en place, des dômes, des tours, des flèches, puis tout autour, la plaine, la terre que découpent les routes longues, minces et blanches au milieu des champs verts, d'un vert tendre ou foncé, et des bois presque noirs.

La Seine semble un gros serpent roulé, couché immobile, dont on n'aperçoit ni la tête ni la queue; elle vient de là-bas, elle s'en va là-bas, en traversant Paris, et la terre entière a l'air d'une immense cuvette de prés et de forêts qu'enferme à l'horizon une montagne basse, lointaine et circulaire.

Le soleil qu'on n'apercevait plus d'en bas reparaît pour nous, comme s'il se levait de nouveau, et notre ballon lui-même s'allume dans cette clarté; il doit paraître un astre à ceux qui nous regardent. M. Mallet, de seconde en seconde, jette dans le vide une feuille de papier à cigarettes et dit tranquillement: «Nous montons, nous montons toujours», tandis que le capitaine Jovis, rayonnant de joie, se frotte les mains en répétant: « Hein? ce vernis, hein? ce vernis.»

On ne peut en effet apprécier les montées et les descentes qu'en jetant de temps en temps une feuille de papier à cigarettes. Si ce papier, qui demeure, en réalité, suspendu dans l'air, semble tomber comme une pierre, c'est que le ballon monte; s'il semble au contraire s'envoler au ciel, c'est que le ballon descend.

Les deux baromètres indiquent cinq cents mètres environ, et nous regardons, avec une admiration enthousiaste, cette terre que nous quittons, à laquelle nous ne tenons plus par rien et qui a l'air d'une carte de géographie peinte, d'un plan démesuré de province. Toutes ses rumeurs cependant nous arrivent distinctes, étrangement reconnaissables. On entend surtout le bruit des roues sur les routes, le claquement des fouets, le « hue » des charretiers, le roulement et le sifflement des trains, et les rires des gamins qui courent et jouent sur les places. Chaque fois que nous passons sur un village, ce sont des clameurs enfantines qui dominent tout et montent dans le ciel avec le plus d'acuité.

Des hommes nous appellent; des locomotives sifflent; nous répondons avec la sirène qui pousse des gémissements plaintifs, affreux, suraigus, vraie voix d'être fantastique errant autour du monde.

Des lumières s'allument de place en place,

feux isolés dans les fermes, chapelets de gaz dans les villes. Nous allons vers le nord-ouest après avoir plané longtemps sur le petit lac d'Enghien. Une rivière apparaît : c'est l'Oise. Alors nous discutons pour savoir où nous sommes. Cette ville qui brille là-bas, est-ce Creil ou Pontoise? Si nous étions sur Pontoise, on verrait semble-t-il la jonction de la Seine et de l'Oise; et puis ce feu, cet énorme feu sur la gauche, n'est-ce pas le haut fourneau de Montataire?

Nous nous trouvons en vérité sur Creil. Le spectacle est surprenant; sur la terre il fait nuit, et nous sommes encore dans la lumière, à dix heures passées. Maintenant nous entendons les bruits légers des champs, le double cri des cailles surtout, puis les miaulements des chats et les hurlements des chiens. Certes, les chiens sentent le ballon, le voient et donnent l'alarme. On les entend, par toute la plaine, aboyer contre nous et gémir, comme ils gémissent à la lune. Les bœufs aussi semblent se réveiller dans les étables, car ils mugissent; toutes les bêtes effrayées s'émeuvent devant ce monstre aérien qui passe.

Et les odeurs du sol montent vers nous délicieuses, odeurs des foins, des fleurs, de la terre verte et mouillée, parfumant l'air, un air léger, si léger, si doux, si savoureux que jamais de ma vie je n'avais respiré avec tant de bonheur. Un bien-être profond, inconnu, m'envahit, bien-être du corps et de l'esprit, fait de nonchalance, de repos infini, d'oubli, d'indifférence à tout et de cette sensation nouvelle de traverser l'espace sans rien sentir de ce qui rend insupportable le mouvement, sans bruit, sans secousses et sans trépidations.

Tantôt nous montons et tantôt nous descendons. De minute en minute, le lieutenant Mallet, suspendu dans sa toile d'araignée, dit au capitaine Jovis : « Nous descendons, jetez une demi-poignée. » Et le capitaine, qui cause et rit avec nous, un sac de lest entre ses genoux, prend dans ce sac un peu de sable et le jette par-dessus bord.

Rien n'est plus amusant, plus délicat et plus passionnant que la manœuvre d'un ballon. C'est un énorme joujou, libre et docile, qui obéit avec une surprenante sensibilité, mais qui est aussi, et avant tout, l'esclave du vent, auquel nous ne commandons pas.

Une pincée de sable, la moitié d'un journal, quelques gouttes d'eau, les os du poulet qu'on vient de manger, jetés au dehors, le font monter brusquement.

Le fleuve ou le bois qu'on traverse, nous

soufflant un air humide et froid, le fait descendre de deux cents mètres. Sur les blés
mûrs il se maintient, et sur les villes il s'élève.

La terre dort maintenant, ou plutôt l'homme
dort sur la terre, car les bêtes réveillées an-
noncent toujours notre approche. De temps
en temps le roulement d'un train nous arrive
ou le sifflet de la machine. Sur les lieux ha-
bités nous faisons mugir la sirène : et les
paysans affolés dans leurs lits doivent se demander en tremblant si c'est l'ange du jugement dernier qui passe.

Mais une odeur de gaz, forte et continue,
nous frappe : nous avons rencontré sans doute
un courant chaud, et le ballon se gonfle,
perdant son sang invisible par le tuyau d'é-
chappement, qu'on nomme appendice et qui
se referme de lui-même dès que cesse la dila-
tation.

Nous montons. La terre déjà ne nous ren-
voie plus l'écho de nos trompes; nous avons
déjà passé six cents mètres. On n'y voit pas
assez pour consulter les instruments, on sait
seulement que les feuilles de papier de riz
tombent sous nous comme des papillons
morts, que nous montons toujours, toujours.
On ne distingue plus la terre; des brumes
légères nous en séparent; et sur nos têtes, le
peuple des étoiles scintille.

Mais une lueur naît devant nous, une lueur d'argent qui fait pâlir le ciel; et soudain, comme si elle s'élevait des profondeurs inconnues de l'horizon inférieur, la lune apparaît sur le bord d'un nuage. Elle semble venue d'en bas, tandis que nous la regardons de très haut, accoudés à notre nacelle comme des spectateurs sur un balcon. Elle se dégage luisante et ronde des nuées qui l'enveloppaient, et elle monte au ciel avec lenteur.

La terre n'est plus, la terre est noyée sous des vapeurs laiteuses qui ressemblent à une mer. Nous sommes donc seuls maintenant avec la lune, dans l'immensité, et la lune a l'air d'un ballon qui voyage en face de nous; et notre ballon qui reluit a l'air d'une lune plus grosse que l'autre, d'un monde errant au milieu du ciel, au milieu des astres, dans l'étendue infinie. Nous ne parlons plus, nous ne pensons plus, nous ne vivons plus; nous allons, délicieusement inertes, à travers l'espace. L'air qui nous porte a fait de nous des êtres qui lui ressemblent, des êtres muets, joyeux et fous, grisés par cette envolée prodigieuse, étrangement alertes, bien qu'immobiles. On ne sent plus la chair, on ne sent plus les os, on ne sent plus palpiter le cœur, on est devenu quelque chose d'inexprimable,

des oiseaux qui n'ont pas même la peine de
battre de l'aile.

Tout souvenir a disparu de nos âmes, tout
souci a quitté nos pensées, nous n'avons plus
de regrets, de projets, ni d'espérances. Nous
regardons, nous sentons, nous jouissons
éperdument de ce voyage fantastique; rien
que la lune et nous dans le ciel! Nous sommes
un monde vagabond, un monde en marche,
comme nos sœurs les planètes; et ce petit
monde en marche porte cinq hommes qui
ont quitté la terre et l'ont déjà presque ou-
bliée. On y voit maintenant comme en plein
jour; nous nous regardons surpris de cette
clarté, car nous n'avons à regarder que nous
et quelques nuages d'argent qui flottent plus
bas. Les baromètres indiquent douze cents
mètres, puis treize, puis quatorze, puis
quinze cents; et les feuilles de papier de riz
tombent toujours autour de nous.

Le capitaine Jovis affirme que la lune
souvent a fait ainsi s'emballer les aérostats et
que le voyage en haut va continuer.

Nous sommes maintenant à deux mille
mètres; nous montons encore à deux mille
trois cent cinquante mètres, le ballon enfin
s'arrête.

Et nous faisons mugir la sirène, surpris
qu'on ne nous réponde point des étoiles.

A présent nous descendons, très vite, sans nous en douter. M. Mallet crie sans cesse : «Jetez du lest, jetez du lest!» Et le lest qu'on précipite dans le vide, sable et pierres mêlées, nous revient dans la figure, comme s'il re-montait, lancé d'en bas vers les astres, tant est rapide notre chute.

Voici la terre!

Où sommes-nous? Cette pointe en l'air a duré plus de deux heures. Il est minuit passé et nous traversons un grand pays sec, bien cultivé, plein de routes, très peuplé.

Voici une ville, une grande ville à droite, une autre à gauche plus loin. Mais, tout à coup, à la surface du sol, une lumière éclatante, féerique, s'allume et s'éteint, puis elle reparaît, s'efface de nouveau. Jovis, que grise l'espace, s'écrie : «Regardez, regardez ce phénomène de la lune dans l'eau. On ne peut rien voir de plus beau la nuit.»

Rien, en effet, ne peut faire imaginer pareille chose, rien ne peut donner l'idée de l'éclat prodigieux de ces plaques de clarté qui ne sont pas du feu, qui ne semblent pas des reflets, qui naissent brusquement ici ou là et s'éteignent tout aussitôt.

Sur les ruisseaux qui serpentent, ces foyers ardents apparaissent en même temps à chaque détour du cours d'eau; mais comme le ballon passe aussi vite que le vent, à peine a-t-on le temps de les voir.

Nous sommes maintenant assez près de la terre, et notre ami Beer s'écrie : « Regardez donc! qu'est-ce qui court là-bas dans ce champ? N'est-ce pas un chien?» Quelque chose court en effet sur le sol avec une prodigieuse vitesse, et ce quelque chose semble franchir les fossés, les routes, les arbres avec une telle facilité que nous ne comprenons pas. Le capitaine riait : « C'est l'ombre de notre ballon, dit-il. Elle va grossir à mesure que nous descendrons.»

J'entends distinctement un grand bruit de forges dans le lointain, et comme nous n'avons cessé, durant toute la nuit, de nous diriger sur l'étoile polaire, que j'ai si souvent regardée et consultée du pont de mon petit yacht sur la Méditerranée, nous allons indubitablement vers la Belgique.

Notre sirène et nos deux trompes appellent sans discontinuer. Quelques cris nous répondent, cri de charretier qui s'arrête, cri de buveur attardé. Nous hurlons : « Où sommes-nous?» Mais le ballon va si vite que jamais l'homme effaré n'a le temps de nous répondre. L'ombre grossie du *Horla*, large comme une balle d'enfant, fuit devant nous, sur les champs, les routes, les blés et les bois. Elle passe, elle passe, nous précédant d'un demi-kilomètre; et j'écoute à présent, penché hors de la nacelle, le grand bruit du vent dans les arbres et sur les récoltes.

Je dis au capitaine Jovis : «Comme ça souffle!»

Il me répond : «Non, ce sont des chutes d'eau sans doute.» J'insiste, sûr de mon oreille qui le connaît bien, le vent, pour l'avoir entendu si souvent siffler dans les cordages. Alors Jovis me pousse le coude; il a peur d'émouvoir ses passagers joyeux et tranquilles, car il sait bien qu'un orage nous chasse. Un homme enfin nous a compris, il répond : «Nord.»

Un autre nous jette le même mot.

Et soudain une ville considérable, d'après l'étendue de son gaz, se montre juste devant nous. C'est Lille, peut-être. Comme nous approchons d'elle, apparaît sous nous, tout à coup, une si surprenante lave de feu, que je me crois emporté sur un pays fabuleux où on fabrique des pierres précieuses pour les géants.

C'est une briqueterie, paraît-il. En voici d'autres, deux, trois. Les matières en fusion bouillonnent, scintillent, jettent des éclats bleus, rouges, jaunes, verts, des reflets de diamants monstrueux, de rubis, d'émeraudes, de turquoises, de saphirs, de topazes. Et près de là les grandes forges soufflent leur haleine ronflante, pareille à des rugissements de lions apocalyptiques; les hautes cheminées jettent au vent leurs panaches de flammes, et l'on entend des bruits de métal qui roule, de métal qui sonne, de marteaux énormes qui retombent.

— Où sommes-nous?

Une voix, voix de farceur ou d'affolé, nous répond :

— Dans un ballon.

— Où sommes-nous?

— Lille.

Nous ne nous étions point trompés. Déjà on ne voit plus la ville et voici Roubaix sur la droite, puis des champs bien cultivés, réguliers, de tons différents selon les cultures et qui semblent tous jaunes, gris ou bruns dans la nuit. Mais des nuages s'amassent derrière nous, couvrent la lune, tandis qu'à l'Est le ciel s'éclaircit, devient d'un bleu clair avec des reflets rouges. C'est l'aube. Elle grandit vite, nous montrant maintenant tous les petits détails de la terre, les trains, les ruisseaux, les vaches, les chèvres. Et tout cela passe sous nous avec une prodigieuse vitesse; on n'a pas le temps de regarder, à peine le temps de voir que d'autres prés, d'autres champs, d'autres maisons ont déjà fui. Les coqs chantent, mais la voix des canards domine tout, on dirait que le monde en est peuplé, couvert, tant ils font de bruit.

Les paysans matineux agitent les bras, nous criant : « Laissez-vous tomber. » Mais nous allons toujours, sans monter ni descendre, penchés au bord de la nacelle et regardant couler l'univers sous nos pieds.

Jovis signale une autre ville, très loin. Elle approche, dominée par des clochers antiques, et ravissante, vue ainsi d'en haut. On discute. Est-ce Courtrai ? Est-ce Gand ?

Déjà nous sommes tout près et nous voyons qu'elle est entourée d'eau, traversée en tous sens par des canaux. On dirait une Venise du Nord. Juste au moment où nous passons sur le beffroi, si près que notre guide-rope, longue corde traînant sous la nacelle, a failli le toucher, le carillon flamand se met à chanter trois heures. Ses sons légers et rapides, doux et clairs, semblent jaillir pour nous de ce mince toit de pierre frôlé dans notre course errante. C'est un bonjour charmant, un bonjour ami que nous jette la Flandre. Nous répondons avec la sirène dont l'horrible voix résonne par les rues.

C'était Bruges; mais à peine l'avions-nous

perdue de vue, que mon voisin Paul Bessand
me demande : «Ne voyez-vous rien sur la
droite et devant vous? On dirait un fleuve.»

Devant nous, en effet, s'étend au loin une
ligne lumineuse, sous la clarté de l'aube.
Oui, cela a l'air d'un fleuve, d'un immense
fleuve, avec des îles dedans.

«Préparons la descente», dit le capitaine.
Il fait rentrer dans la nacelle M. Mallet toujours perché dans son filet; puis on serre les
baromètres et tous les objets durs qui pourraient nous blesser dans les secousses.

M. Bessand s'écrie : «Mais voilà des mâts
de navires à gauche. Nous sommes à la
mer.»

Des brumes nous l'avaient cachée jusque-là.
La mer était partout, à gauche et en face,
tandis qu'à notre droite l'Escaut, joint à la
Meuse, étendait jusqu'à la mer ses bouches
plus vastes qu'un lac.

Il fallait descendre en une minute ou deux.

La corde de la soupape, religieusement
enfermée dans un petit sac de toile blanche
et placée bien en vue afin qu'elle ne soit
touchée par personne, fut déroulée, et
M. Mallet la tient en main, tandis que le capitaine Jovis cherche au loin une place favo-
rable.

Derrière nous, le tonnerre gronde et aucun oiseau ne suivait notre course folle.

— Tirez ! cria Jovis.

Nous passions sur un canal. La nacelle frémit deux fois et s'inclina. Le guide-rope a touché les grands arbres des deux rives.

Mais notre vitesse est telle que la longue corde qui traîne maintenant ne semble pas la ralentir, et nous arrivons, avec une rapidité de boulet, sur une grande ferme, dont les poules, les pigeons, les canards effarés s'envolent dans tous les sens, tandis que les veaux, les chats et les chiens fuient, éperdus, vers la maison.

Il nous reste juste un demi-sac de lest. Jovis le jette ; et le *Horla* légèrement s'envole par-dessus le toit.

« La soupape ! » crie de nouveau le capitaine.

M. Mallet se suspend à la corde et nous descendons comme tombe une flèche.

D'un coup de couteau, l'amarre qui retient l'ancre est coupée, nous la traînons derrière nous dans un grand champ de betteraves.

Voici des arbres.

— Attention ! Cramponnez-vous ! Gare aux têtes !

Nous passons encore dessus ; puis une forte secousse nous bouscule. L'ancre a mordu.

— Attention! Tenez-vous bien! Soulevez-vous à la force des poignets. Nous allons toucher.

La nacelle touche en effet. Et puis s'envole de nouveau. Elle retombe encore, rebondit et enfin se pose à terre, tandis que le ballon se débat follement, avec des efforts d'agonisant.

Des paysans accouraient, mais n'osaient point approcher. Ils furent longtemps à se décider avant de venir nous délivrer, car on ne peut mettre pied à terre sans que l'aérostat soit presque complètement dégonflé.

Puis, en même temps que les hommes effarés, dont quelques-uns sautaient d'étonnement avec des gestes de sauvages, toutes les vaches qui paissaient sur les dunes venaient à nous, entourant notre ballon d'un cercle étrange et comique de cornes, de gros yeux et de naseaux soufflants.

Avec l'aide des paysans belges, complaisants et hospitaliers, nous avons pu, en peu de temps, empaqueter tout notre matériel et le porter à la gare de Heyst, où nous reprenions à 8 h. 20 le train pour Paris.

La descente avait eu lieu à trois heures quinze minutes du matin, ne précédant que de quelques secondes la pluie torrentielle et les éclairs aveuglants de l'orage qui nous chassait devant lui.

Nous avons donc pu, grâce au capitaine Jovis, dont mon confrère Paul Ginisty m'avait depuis longtemps raconté la hardiesse, car ils sont tombés ensemble et volontairement en pleine mer, en face de Menton, nous avons donc pu, en une seule nuit, voir, du haut du ciel, le coucher du soleil, le lever de la lune et le retour du jour, et aller de Paris aux bouches de l'Escaut à travers les airs.

Le Voyage du Horla a paru dans *le Figaro* du samedi 16 juillet 1887, sous le titre : *De Paris à Heyst.*

UN FOU?

UN FOU?

QUAND on me dit : « Vous savez que Jacques Parent est mort fou dans une maison de santé », un frisson douloureux, un frisson de peur et d'angoisse me courut le long des os; et je le revis brusquement, ce grand garçon étrange, fou depuis longtemps peut-être, maniaque inquiétant, effrayant même.

C'était un homme de quarante ans, haut, maigre, un peu voûté, avec des yeux d'halluciné, des yeux noirs, si noirs qu'on ne distinguait pas la pupille, des yeux mobiles, rôdeurs, malades, hantés. Quel être singulier, troublant qui apportait, qui jetait un malaise autour de lui, un malaise vague, de l'âme, du corps, un de ces énervements incompréhensibles qui font croire à des influences surnaturelles.

Il avait un tic gênant : la manie de cacher

18

ses mains. Presque jamais il ne les laissait errer, comme nous faisons tous sur les objets, sur les tables. Jamais il ne maniait les choses traînantes avec ce geste familier qu'ont presque tous les hommes. Jamais il ne les laissait nues, ses longues mains osseuses, fines, un peu fébriles.

Il les enfonçait dans ses poches, sous les revers de ses aisselles en croisant les bras. On eût dit qu'il avait peur qu'elles ne fissent, malgré lui, quelque besogne défendue, qu'elles n'accomplissent quelque action honteuse ou ridicule s'il les laissait libres et maîtresses de leurs mouvements.

Quand il était obligé de s'en servir pour tous les usages ordinaires de la vie, il le faisait par saccades brusques, par élans rapides du bras comme s'il n'eût pas voulu leur laisser le temps d'agir par elles-mêmes, de se refuser à sa volonté, d'exécuter autre chose. A table, il saisissait son verre, sa fourchette ou son couteau si vivement qu'on n'avait jamais le temps de prévoir ce qu'il voulait faire avant qu'il ne l'eût accompli.

Or, j'eus un soir l'explication de la surprenante maladie de son âme.

Il venait passer de temps en temps quelques jours chez moi, à la campagne, et ce soir-là il me paraissait particulièrement agité !

Un orage montait dans le ciel, étouffant et noir, après une journée d'atroce chaleur. Aucun souffle d'air ne remuait les feuilles. Une vapeur chaude de four passait sur les visages, faisait haleter les poitrines. Je me sentais mal à l'aise, agité, et je voulus gagner mon lit.

Quand il me vit me lever pour partir, Jacques Parent me saisit le bras d'un geste effaré.

— Oh ! non, reste encore un peu, me dit-il.

Je le regardai avec surprise en murmurant :

— C'est que cet orage me secoue les nerfs.

Il gémit, ou plutôt il cria :

— Et moi donc ! Oh ! reste, je te prie ; je ne voudrais pas demeurer seul.

Il avait l'air affolé.

Je prononçai :

— Qu'est-ce que tu as ? Perds-tu la tête ?

Et il balbutia :

— Oui, par moments, dans les soirs comme celui-ci, dans les soirs d'électricité... j'ai... j'ai... j'ai peur... j'ai peur de moi... tu ne me comprends pas ? C'est que je suis doué d'un pouvoir... non... d'une puissance... non... d'une force... Enfin je ne sais pas dire ce que c'est, mais j'ai en moi une action magnétique si extraordinaire que j'ai peur, oui, j'ai peur de moi, comme je te le disais tout à l'heure!

Et il cachait, avec des frissons éperdus, ses mains vibrantes sous les revers de sa jaquette. Et moi-même je me sentis soudain tout tremblant d'une crainte confuse, puissante, horrible. J'avais envie de partir, de me sauver, de ne plus le voir, de ne plus voir son œil errant passer sur moi, puis s'enfuir, tourner autour du plafond, chercher quelque coin sombre de la pièce pour s'y fixer, comme s'il eût voulu cacher aussi son regard redoutable.

Je balbutiai :

— Tu ne m'avais jamais dit ça !

Il reprit :

— Est-ce que j'en parle à personne? Tiens, écoute, ce soir je ne puis me taire. Et j'aime mieux que tu saches tout; d'ailleurs, tu pourras me secourir.

Le magnétisme! Sais-tu ce que c'est? Non. Personne ne sait. On le constate pourtant. On le reconnaît, les médecins eux-mêmes le pratiquent; un des plus illustres, M. Charcot, le professe; donc, pas de doute, cela existe.

Un homme, un être a le pouvoir, effrayant et incompréhensible, d'endormir, par la force de sa volonté, un autre être, et, pendant qu'il dort, de lui voler sa pensée comme on volerait une bourse. Il lui vole sa pensée, c'est-à-dire son âme, l'âme, ce sanctuaire, ce secret du Moi, l'âme, ce fond de l'homme qu'on croyait impénétrable, l'âme, cet asile des inavouables idées, de tout ce qu'on cache, de tout ce qu'on aime, de tout ce qu'on veut céder à tous les humains, il l'ouvre, la viole, l'étale, la jette au public! N'est-ce pas atroce, criminel, infâme?

Pourquoi, comment cela se fait-il? Le sait-on? Mais que sait-on?

Tout est mystère. Nous ne communiquons avec les choses que par nos misérables sens, incomplets, infirmes, si faibles qu'ils ont à peine la puissance de constater ce qui nous entoure. Tout est mystère. Songe à la musique, cet art divin, cet art qui bouleverse l'âme, l'emporte, la grise, l'affole, qu'est-ce donc? Rien.

Tu ne me comprends pas? Écoute. Deux corps se heurtent. L'air vibre. Ces vibrations sont plus ou moins nombreuses, plus ou moins rapides, plus ou moins fortes, selon la nature du choc. Or nous avons dans l'oreille une petite peau qui reçoit ces vibrations de l'air et les transmet au cerveau sous forme de son. Imagine qu'un verre d'eau se change en vin dans ta bouche. Le tympan accomplit cette incroyable métamorphose, ce surprenant miracle de changer le mouvement en son. Voilà.

La musique, cet art complexe et mystérieux, précis comme l'algèbre et vague comme un rêve, cet art fait de mathématiques et de brise, ne vient donc que de la propriété étrange d'une petite peau. Elle n'existerait point, cette peau, que le son non plus n'existerait pas, puisque par lui-même il n'est qu'une vibration. Sans l'oreille, devinerait-on la musique? Non. Eh bien! nous sommes entourés de choses que nous ne soupçonnerons jamais, parce que les organes nous manquent qui nous les révéleraient.

Le magnétisme est de celles-là peut-être. Nous ne pouvons que pressentir cette puissance, que tenter en tremblant ce voisinage des esprits, qu'entrevoir ce nouveau secret de la nature, parce que nous n'avons point en nous l'instrument révélateur.

Quant à moi... Quant à moi, je suis doué d'une puissance affreuse. On dirait un autre être enfermé en moi, qui veut sans cesse s'échapper, agir malgré moi, qui s'agite, me ronge, m'épuise. Quel est-il? Je ne sais pas, mais nous sommes deux dans mon pauvre corps, et c'est lui, l'autre, qui est souvent le plus fort, comme ce soir.

Je n'ai qu'à regarder les gens pour les en-

gourdir comme si je leur avais versé de
l'opium. Je n'ai qu'à étendre les mains pour
produire des choses... des choses... terribles.
Si tu savais ? Oui. Si tu savais ? Mon pouvoir
ne s'étend pas seulement sur les hommes,
mais aussi sur les animaux et même... sur les
objets...

Cela me torture et m'épouvante. J'ai eu
envie souvent de me crever les yeux et de me
couper les poignets.

Mais je vais... je veux que tu saches tout.
Tiens. Je vais te montrer cela... non pas sur
des créatures humaines, c'est ce qu'on fait
partout, mais sur... sur... des bêtes.

Appelle Mirza.

Il marchait à grands pas avec des airs
d'halluciné, et il sortit ses mains cachées dans
sa poitrine. Elles me semblèrent effrayantes
comme s'il eût mis à nu deux épées.

Et je lui obéis machinalement, subjugué,
vibrant de terreur et dévoré d'une sorte de
désir impétueux de voir. J'ouvris la porte et
je sifflai ma chienne qui couchait dans le vestibule. J'entendis aussitôt le bruit précipité
de ses ongles sur les marches de l'escalier,
et elle apparut, joyeuse, remuant la queue.

Puis je lui fis signe de se coucher sur un
fauteuil; elle y sauta, et Jacques se mit à la
caresser en la regardant.

D'abord, elle sembla inquiète; elle fris-
sonnait, tournait la tête pour éviter l'œil fixe
de l'homme, semblait agitée d'une crainte
grandissante. Tout à coup, elle commença à
trembler, comme tremblent les chiens. Tout
son corps palpitait, secoué de longs frissons,
et elle voulut s'enfuir. Mais il posa sa main
sur le crâne de l'animal qui poussa, sous ce
toucher, un de ces longs hurlements qu'on
entend, la nuit, dans la campagne.

Je me sentais moi-même engourdi, étourdi,
ainsi qu'on l'est lorsqu'on monte en barque.
Je voyais se pencher les meubles, remuer les
murs. Je balbutiai : « Assez, Jacques, assez. »
Mais il ne m'écoutait plus, il regardait Mirza
d'une façon continue, effrayante. Elle fermait
les yeux maintenant et laissait tomber sa tête
comme on fait en s'endormant. Il se tourna
vers moi.

— C'est fait, dit-il, vois maintenant.

Et jetant son mouchoir de l'autre côté de
l'appartement, il cria : « Apporte ! ».

La bête alors se souleva et chancelant, trébuchant comme si elle eût été aveugle, remuant ses pattes comme les paralytiques
remuent leurs jambes, elle s'en alla vers le
linge qui faisait une tache blanche contre le
mur. Elle essaya plusieurs fois de le prendre
dans sa gueule, mais elle mordait à côté

comme si elle ne l'eût pas vu. Elle le saisit
enfin, et revint de la même allure ballottée
de chien somnambule.

C'était une chose terrifiante à voir. Il commanda : « Couche-toi ». Elle se coucha. Alors,
lui touchant le front, il dit : « Un lièvre, pille,
pille. » Et la bête, toujours sur le flanc, essaya
de courir, s'agita comme font les chiens qui
rêvent, et poussa, sans ouvrir la gueule, des
petits aboiements étranges, des aboiements
de ventriloque.

Jacques semblait devenu fou. La sueur
coulait de son front. Il cria : « Mords-le, mords
ton maître. » Elle eut deux ou trois soubre-
sauts terribles. On eût juré qu'elle résistait,
qu'elle luttait. Il répéta : « Mords-le. » Alors, se
levant, ma chienne s'en vint vers moi, et moi
je reculais vers la muraille, frémissant d'épouvante, le pied levé pour la frapper, pour la
repousser.

Mais Jacques ordonna : « Ici, tout de
suite. » Elle se retourna vers lui. Alors, de ses
deux grandes mains, il se mit à lui frotter la
tête comme s'il l'eût débarrassée de liens invisibles.

Mirza rouvrit les yeux : « C'est fini »,
dit-il.

Je n'osais point la toucher et je poussai la
porte pour qu'elle s'en allât. Elle partit len-

tement, tremblante, épuisée, et j'entendis de nouveau ses griffes frapper les marches.

Mais Jacques revint vers moi : « Ce n'est pas tout. Ce qui m'effraie le plus, c'est ceci, tiens. Les objets m'obéissent. »

Il y avait sur ma table une sorte de couteau-poignard dont je me servais pour couper les feuillets des livres. Il allongea sa main vers lui. Elle semblait ramper, s'approchait lentement; et tout d'un coup je vis, oui, je vis le couteau lui-même tressaillir, puis il remua, puis il glissa doucement, tout seul, sur le bois vers la main arrêtée qui l'attendait, et il vint se placer sous ses doigts.

Je me mis à crier de terreur. Je crus que je devenais fou moi-même, mais le son aigu de ma voix me calma soudain.

Jacques reprit :

— Tous les objets viennent ainsi vers moi. C'est pour cela que je cache mes mains. Qu'est cela? Du magnétisme, de l'électricité, de l'aimant? Je ne sais pas, mais c'est horrible.

Et comprends-tu pourquoi c'est horrible? Quand je suis seul, aussitôt que je suis seul, je ne puis m'empêcher d'attirer tout ce qui m'entoure.

Et je passe des jours entiers à changer des choses de place, ne me lassant jamais d'es-

sayer ce pouvoir abominable, comme pour
voir s'il ne m'a pas quitté..

Il avait enfoui ses grandes mains dans ses
poches et il regardait dans la nuit. Un petit
bruit, un frémissement léger semblait passer
dans les arbres.

C'était la pluie qui commençait à tomber.

Je murmurai : « C'est effrayant ! »

Il répéta : « C'est horrible. »

Une rumeur accourut dans ce feuillage,
comme un coup de vent. C'était l'averse,
l'ondée épaisse, torrentielle.

Jacques se mit à respirer par grands souffles
qui soulevaient sa poitrine.

— Laisse-moi, dit-il, la pluie va me calmer.
Je désire être seul à présent.

Un Fou? a paru dans *le Figaro* du 1er septembre
1884.

APPENDICE

APPENDICE.

LE HORLA.

L E docteur Marrande, le plus illustre et le plus éminent des aliénistes, avait prié trois de ses confrères et quatre savants, s'occupant de sciences naturelles, de venir passer une heure chez lui, dans la maison de santé qu'il dirigeait, pour leur montrer un de ses malades.

Aussitôt que ses amis furent réunis, il leur dit : « Je vais vous soumettre le cas le plus bizarre et le plus inquiétant que j'aie jamais rencontré. D'ailleurs je n'ai rien à vous dire de mon client. Il parlera lui-même. » Le docteur alors sonna. Un domestique fit entrer un homme. Il était fort maigre, d'une maigreur de cadavre, comme sont maigres certains fous que ronge une pensée, car la pensée malade dévore la chair du corps plus que la fièvre ou la phtisie.

Ayant salué et s'étant assis, il dit :

— Messieurs, je sais pourquoi on vous a réunis

ici et je suis prêt à vous raconter mon histoire, comme m'en a prié mon ami le docteur Marrande. Pendant longtemps il m'a cru fou. Aujourd'hui il doute. Dans quelque temps, vous saurez tous que j'ai l'esprit aussi sain, aussi lucide, aussi clair-voyant que les vôtres, malheureusement pour moi, et pour vous, et pour l'humanité tout entière.

Mais je veux commencer par les faits eux-mêmes, par les faits tout simples. Les voici :

J'ai quarante-deux ans. Je ne suis pas marié, ma fortune est suffisante pour vivre avec un certain luxe. Donc j'habitais une propriété sur les bords de la Seine, à Biessard, auprès de Rouen. J'aime la chasse et la pêche. Or j'avais derrière moi, au-dessus des grands rochers qui dominaient ma maison, une des plus belles forêts de France, celle de Roumare, et devant moi un des plus beaux fleuves du monde.

Ma demeure est vaste, peinte en blanc à l'exté-rieur, jolie, ancienne, au milieu d'un grand jardin planté d'arbres magnifiques et qui monte jusqu'à la forêt, en escaladant les énormes rochers dont je vous parlais tout à l'heure.

Mon personnel se compose, ou plutôt se com-posait d'un cocher, un jardinier, un valet de chambre, une cuisinière et une lingère qui était en même temps une espèce de femme de charge. Tout ce monde habitait chez moi depuis dix à seize ans, me connaissait, connaissait ma demeure, le pays, tout l'entourage de ma vie. C'étaient de bons et tranquilles serviteurs. Cela importe pour ce que je vais dire.

J'ajoute que la Seine, qui longe mon jardin, est navigable jusqu'à Rouen, comme vous le savez sans doute; et que je voyais passer chaque jour de grands navires soit à voiles, soit à vapeur, venant de tous les coins du monde.

Donc, il y a eu un an l'automne dernier, je fus pris tout à coup de malaises bizarres et inexplicables. Ce fut d'abord une sorte d'inquiétude nerveuse qui me tenait en éveil des nuits entières, une telle surexcitation que le moindre bruit me faisait tressaillir. Mon humeur s'aigrit. J'avais des colères subites inexplicables. J'appelai un médecin qui m'ordonna du bromure de potassium et des douches.

Je me fis donc doucher matin et soir, et je me mis à boire du bromure. Bientôt, en effet, je recommençais à dormir, mais d'un sommeil plus affreux que l'insomnie. A peine couché, je fermais les yeux et je m'anéantissais. Oui, je tombais dans le néant, dans un néant absolu, dans une mort de l'être entier dont j'étais tiré brusquement, horriblement par l'épouvantable sensation d'un poids écrasant sur ma poitrine, et d'une bouche qui mangeait ma vie, sur ma bouche. Oh! ces secousses-là! je ne sais rien de plus épouvantable.

Figurez-vous un homme qui dort, qu'on assassine, et qui se réveille avec un couteau dans la gorge; et qui râle couvert de sang, et qui ne peut plus respirer, et qui va mourir, et qui ne comprend pas — voilà!

Je maigrissais d'une façon inquiétante, continue; et je m'aperçus soudain que mon cocher, qui était fort gros, commençait à maigrir comme moi.

Je lui demandai enfin :

— Qu'avez-vous donc, Jean? Vous êtes malade.

Il répondit :

— Je crois bien que j'ai gagné la même maladie que monsieur. C'est mes nuits qui perdent mes jours.

Je pensai donc qu'il y avait dans la maison une influence fiévreuse due au voisinage du fleuve et j'allais m'en aller pour deux ou trois mois, bien que nous fussions en pleine saison de chasse, quand un petit fait très bizarre, observé par hasard, amena pour moi une telle suite de découvertes invraisemblables, fantastiques, effrayantes, que je restai.

Ayant soif un soir, je bus un demi-verre d'eau et je remarquai que ma carafe, posée sur la commode en face de mon lit, était pleine jusqu'au bouchon de cristal.

J'eus, pendant la nuit, un de ces sommeils affreux dont je viens de vous parler. J'allumai ma bougie, en proie à une épouvantable angoisse, et, comme je voulus boire de nouveau, je m'aperçus avec stupeur que ma carafe était vide. Je n'en pouvais croire mes yeux. Ou bien on était entré dans ma chambre, ou bien j'étais somnambule.

Le soir suivant, je voulus faire la même épreuve. Je fermai donc ma porte à clef pour être certain que personne ne pourrait pénétrer chez moi. Je m'endormis et je me réveillai comme chaque nuit. *On* avait bu toute l'eau que j'avais vue deux heures plus tôt.

Qui avait bu cette eau? Moi, sans doute, et pourtant je me croyais sûr, absolument sûr, de n'avoir pas fait un mouvement dans mon sommeil profond et douloureux.

Alors j'eus recours à des ruses pour me convaincre que je n'accomplissais point ces actes inconscients. Je plaçai un soir, à côté de la carafe, une bouteille de vieux bordeaux, une tasse de lait dont j'ai horreur, et des gâteaux au chocolat que j'adore.

Le vin et les gâteaux demeurèrent intacts. Le lait et l'eau disparurent. Alors, chaque jour, je changeai les boissons et les nourritures. Jamais *on* ne toucha aux choses solides, compactes, et on ne but, en fait de liquide, que du laitage frais et de l'eau surtout.

Mais ce doute poignant restait dans mon âme. N'était-ce pas moi qui me levais sans en avoir conscience, et qui buvais même les choses détestées, car mes sens engourdis par le sommeil somnambulique pouvaient être modifiés, avoir perdu leurs répugnances ordinaires et acquis des goûts différents.

Je me servis alors d'une ruse nouvelle contre moi-même. J'enveloppai tous les objets auxquels il fallait infailliblement toucher avec des bandelettes de mousseline blanche et je les recouvris encore avec une serviette de batiste.

Puis, au moment de me mettre au lit, je me

barbouillai les mains, les lèvres et les moustaches avec de la mine de plomb.

A mon réveil, tous les objets étaient demeurés immaculés, bien qu'on y eût touché, car la serviette n'était point posée comme je l'avais mise; et, de plus, on avait bu de l'eau et du lait. Or ma porte fermée avec une clef de sûreté et mes volets cadenassés par prudence n'avaient pu laisser pénétrer personne.

Alors, je me posai cette redoutable question. Qui donc était là, toutes les nuits, près de moi ?

Je sens, messieurs, que je vous raconte cela trop vite. Vous souriez, votre opinion est déjà faite : « C'est un fou. » J'aurais dû vous décrire longuement cette émotion d'un homme qui, enfermé chez lui, l'esprit sain, regarde, à travers le verre d'une carafe, un peu d'eau disparue pendant qu'il a dormi. J'aurais dû vous faire comprendre cette torture renouvelée chaque soir et chaque matin, et cet invincible sommeil, et ces réveils plus épouvantables encore.

Mais je continue.

Tout à coup, le miracle cessa. *On* ne touchait plus à rien dans ma chambre. C'était fini. J'allais mieux, d'ailleurs. La gaieté me revenait, quand j'appris qu'un de mes voisins, M. Legite, se trouvait exactement dans l'état où j'avais été moi-même. Je crus de nouveau à une influence fiévreuse dans le pays. Mon cocher m'avait quitté depuis un mois, fort malade.

L'hiver était passé, le printemps commençait. Or, un matin, comme je me promenais près de

mon parterre de rosiers, je vis, je vis distinctement, tout près de moi, la tige d'une des plus
belles roses se casser comme si une main invisible
l'eût cueillie; puis la fleur suivit la courbe
qu'aurait décrite un bras en la portant vers une
bouche, et resta suspendue dans l'air transparent,
toute seule, immobile, effrayante, à trois pas de
mes yeux.

Saisi d'une épouvante folle, je me jetai sur elle
pour la saisir. Je ne trouvai rien. Elle avait
disparu. Alors, je fus pris d'une colère furieuse
contre moi-même. Il n'est pas permis à un homme
raisonnable et sérieux d'avoir de pareilles hallucinations!

Mais était-ce bien une hallucination? Je cher-
chai la tige. Je la retrouvai immédiatement sur
l'arbuste, fraîchement cassée, entre deux autres
roses demeurées sur la branche; car elles étaient
trois que j'avais vues parfaitement.

Alors je rentrai chez moi, l'âme bouleversée.
Messieurs, écoutez-moi, je suis calme; je ne
croyais pas au surnaturel, je n'y crois pas même
aujourd'hui; mais, à partir de ce moment-là, je
fus certain, certain comme du jour et de la nuit,
qu'il existait près de moi un être invisible qui
m'avait hanté, puis m'avait quitté, et qui revenait.

Un peu plus tard, j'en eus la preuve.

Entre mes domestiques d'abord éclataient tous
les jours des querelles furieuses pour mille causes
futiles en apparence, mais pleines de sens pour
moi désormais.

Un verre, un beau verre de Venise se brisa

tout seul, sur le dressoir de ma salle à manger, en plein jour.

Le valet de chambre accusa la cuisinière, qui accusa la lingère, qui accusa je ne sais qui.

Des portes fermées le soir étaient ouvertes le matin. On volait du lait, chaque nuit, dans l'office. — Ah !

Quel était-il ? De quelle nature ? Une curiosité énervée, mêlée de colère et d'épouvante, me tenait jour et nuit dans un état d'extrême agitation.

Mais la maison redevint calme encore une fois; et je croyais de nouveau à des rêves quand se passa la chose suivante :

C'était le 20 juillet, à neuf heures du soir. Il faisait très chaud; j'avais laissé ma fenêtre toute grande ouverte, ma lampe allumée sur ma table, éclairant un volume de Musset ouvert à la *Nuit de Mai;* et je m'étais étendu dans un grand fauteuil où je m'endormis.

Or, ayant dormi environ quarante minutes, je rouvris les yeux, sans faire un mouvement, réveillé par je ne sais quelle émotion confuse et bizarre. Je ne vis rien d'abord, puis tout à coup il me sembla qu'une page du livre venait de tourner toute seule. Aucun souffle d'air n'était entré par la fenêtre. Je fus surpris; et j'attendis. Au bout de quatre minutes environ, je vis, je vis, oui, je vis, messieurs, de mes yeux, une autre page se soulever et se rabattre sur la précédente comme si un doigt l'eût feuilletée. Mon fauteuil semblait vide, mais je compris qu'il était là, lui !

Je traversai ma chambre d'un bond pour le prendre, pour le toucher, pour le saisir, si cela se pouvait... Mais mon siège, avant que je l'eusse atteint, se renversa comme si on eût fui devant moi ; ma lampe aussi tomba et s'éteignit, le verre brisé ; et ma fenêtre brusquement poussée comme si un malfaiteur l'eût saisie en se sauvant alla frapper sur son arrêt... Ah !...

Je me jetai sur la sonnette et j'appelai. Quand mon valet de chambre parut, je lui dis :

« J'ai tout renversé et tout brisé. Donnez-moi de la lumière. »

Je ne dormis plus cette nuit-là. Et cependant j'avais pu encore être le jouet d'une illusion. Au réveil les sens demeurent troubles. N'était-ce pas moi qui avais jeté bas mon fauteuil et ma lumière en me précipitant comme un fou ?

Non, ce n'était pas moi ! Je le savais à n'en point douter une seconde. Et cependant je le voulais croire.

Attendez. L'Être ! Comment le nommerai-je ? L'Invisible. Non, cela ne suffit pas. Je l'ai baptisé le Horla. Pourquoi ? Je ne sais point. Donc le Horla ne me quittait plus guère. J'avais jour et nuit la sensation, la certitude de la présence de cet insaisissable voisin, et la certitude aussi qu'il prenait ma vie, heure par heure, minute par minute.

L'impossibilité de le voir m'exaspérait et j'allumais toutes les lumières de mon appartement, comme si j'eusse pu, dans cette clarté, le découvrir.

Je le vis, enfin.

Vous ne me croyez pas. Je l'ai vu cependant.

J'étais assis devant un livre quelconque, ne lisant pas, mais guettant, avec tous mes organes surexcités, guettant celui que je sentais près de moi. Certes, il était là. Mais où? Que faisait-il? Comment l'atteindre?

En face de moi mon lit, un vieux lit de chêne à colonnes. A droite ma cheminée. A gauche ma porte que j'avais fermée avec soin. Derrière moi une très grande armoire à glace qui me servait chaque jour, pour me raser, pour m'habiller, où j'avais coutume de me regarder de la tête aux pieds chaque fois que je passais devant.

Donc je faisais semblant de lire, pour le tromper, car il m'épiait lui aussi; et soudain je sentis, je fus certain qu'il lisait par-dessus mon épaule, qu'il était là, frôlant mon oreille.

Je me dressai, en me tournant si vite que je faillis tomber. Eh bien!.. On y voyait comme en plein jour... et je ne me vis pas dans ma glace! Elle était vide, claire, pleine de lumière. Mon image n'était pas dedans... Et j'étais en face... Je voyais le grand verre, limpide du haut en bas! Et je regardais cela avec des yeux affolés, et je n'osais plus avancer, sentant bien qu'il se trouvait entre nous, lui, et qu'il m'échapperait encore, mais que son corps imperceptible avait absorbé mon reflet.

Comme j'eus peur! Puis voilà que tout à coup je commençai à m'apercevoir dans une brume au fond du miroir, dans une brume comme à travers une nappe d'eau ; et il me semblait que cette eau glissait de gauche à droite, lentement, rendant plus précise mon image de seconde en seconde. C'était comme la fin d'une éclipse. Ce qui me cachait ne paraissait point posséder de contours nettement arrêtés, mais une sorte de transparence opaque s'éclaircissant peu à peu.

Je pus enfin me distinguer complètement ainsi que je fais chaque jour en me regardant.

Je l'avais vu. L'épouvante m'en est restée qui me fait encore frissonner.

Le lendemain j'étais ici, où je priai qu'on me gardât.

Maintenant, messieurs, je conclus.

Le docteur Marrande, après avoir longtemps douté, se décida à faire, seul, un voyage dans mon pays.

Trois de mes voisins, à présent, sont atteints comme je l'étais. Est-ce vrai ?

Le médecin répondit : — C'est vrai !

— Vous leur avez conseillé de laisser de l'eau et du lait chaque nuit dans leur chambre pour voir si ces liquides disparaîtraient. Ils l'ont fait. Ces liquides ont-ils disparu comme chez moi ?

Le médecin répondit avec une gravité solennelle : — Ils ont disparu.

— Donc, messieurs, un Être, un Être nouveau, qui sans doute se multipliera bientôt comme nous nous sommes multipliés, vient d'apparaître sur la terre.

Ah ! vous souriez ! Pourquoi ? parce que cet Être demeure invisible. Mais notre œil, messieurs, est un organe tellement élémentaire qu'il peut distinguer à peine ce qui est indispensable à notre existence. Ce qui est trop petit lui échappe, ce qui est trop grand lui échappe, ce qui est trop loin lui échappe. Il ignore les milliards de petites bêtes qui vivent dans une goutte d'eau. Il ignore les habitants, les plantes et le sol des étoiles voisines; il ne voit pas même le transparent.

Placez devant lui une glace sans tain parfaite, il ne la distinguera pas et nous jettera dessus comme l'oiseau pris dans une maison qui se casse la tête aux vitres. Donc, il ne voit pas les corps solides et transparents qui existent pourtant; il ne voit pas l'air dont nous nous nourrissons, ne voit pas le vent qui est la plus grande force de la nature, qui renverse les hommes, abat les édifices, déracine les arbres, soulève la mer en montagnes d'eau qui font crouler les falaises de granit.

Quoi d'étonnant à ce qu'il ne voie pas un corps nouveau, à qui manque sans doute la seule propriété d'arrêter les rayons lumineux.

Apercevez-vous l'électricité? Et cependant elle existe !

Cet être, que j'ai nommé le Horla, existe aussi.

Qui est-ce? messieurs, c'est celui que la terre attend, après l'homme! Celui qui vient nous détrôner, nous asservir, nous dompter, et se nourrir de nous peut-être, comme nous nous nourrissons des bœufs et des sangliers.

Depuis des siècles, on le pressent, on le redoute et on l'annonce! La peur de l'Invisible a toujours hanté nos pères.

Il est venu.

Toutes les légendes des fées, des gnomes, des rôdeurs de l'air insaisissables et malfaisants, c'était de lui qu'elles parlaient, de lui pressenti par l'homme inquiet et tremblant déjà.

Et tout ce que vous faites vous-mêmes, messieurs, depuis quelques ans, ce que vous appelez l'hypnotisme, la suggestion, le magnétisme — c'est lui que vous annoncez, que vous prophétisez!

Je vous dis qu'il est venu. Il rôde inquiet lui-même comme les premiers hommes, ignorant encore sa force et sa puissance qu'il connaîtra bientôt, trop tôt.

Et voici, messieurs, pour finir, un fragment de journal qui m'est tombé sous la main et qui vient de Rio de Janeiro. Je lis : « Une sorte d'épidémie de folie semble sévir depuis quelque temps dans la province de San-Paulo. Les habitants de plusieurs villages se sont sauvés abandonnant leurs terres et leurs maisons et se prétendent poursuivis et mangés par des vampires invisibles qui se nourrissent de leur souffle pendant leur sommeil et qui ne boiraient, en outre, que de l'eau, et quelquefois du lait! »

J'ajoute : « Quelques jours avant la première atteinte du mal dont j'ai failli mourir, je me rappelle parfaitement avoir vu passer un grand trois-mâts brésilien avec son pavillon déployé... Je vous ai dit que ma maison est au bord de l'eau... Toute blanche... Il était caché sur ce bateau sans doute... »

Je n'ai plus rien à ajouter, messieurs.

Le docteur Marrande se leva et murmura :

— Moi non plus. Je ne sais si cet homme est fou ou si nous le sommes tous les deux.,. ou si... si notre successeur est réellement arrivé.

Le Horla a paru dans *le Gil-Blas* du mardi 26 octobre 1886.

TABLE DES MATIÈRES.

APPENDICE.

ŒUVRES COMPLÈTES

DE GUY DE MAUPASSANT

EN 29 VOLUMES

AUGMENTÉES

DE LA CORRESPONDANCE, DE NOTES, ET DE 35 NOUVELLES INÉDITES

imprimées par l'Imprimerie nationale à nombre limité

sur papier Van Gelder de Hollande, portant en filigrane la signature
de Guy de Maupassant

VOLUMES PARUS AU 1er JANVIER 1909

BOULE DE SUIF. — CORRESPONDANCE, étude de Pol Neveux   (*inédit*).
UNE VIE.   Augmenté de notes, variantes, opinions de la Presse.
LA MAISON TELLIER.   — Ma femme. — Conseils d'une g^{de} mère (*inédit*).
CONTES DE LA BÉCASSE.   — La Tombe. — Notes d'un Voyageur (*inédit*).
FORT COMME LA MORT.   — Version inédite de la Scène finale. — Notes.
TOINE.   — Le Père Judas   (*inédit*).
AU SOLEIL.   — La Corse   (*inédit*).
MISS HARRIET.   — L'Orient. — Un Million   (*inédit*).
DES VERS. — Lettres de Mme Laure de Maupassant à Flaubert (*inédit*).
Mlle FIFI.   — M. Jocaste   (*inédit*).
SUR L'EAU.   — Blanc et Bleu. — Livre de bord   (*inédit*).
L'INUTILE BEAUTÉ.   — Alexandre   (*inédit*).

Il paraîtra 10 volumes en 1909

La publication sera achevée au mois de mai 1910

EN PRÉPARATION :

PÉTRONE

LE SATYRICON

TRADUCTION DE LAURENT TAILHADE

Un volume in-8° carré, tiré à 170 exemplaires,
illustré et décoré d'après les panneaux et dessins de Georges ROCHEGROSSE,
gravés en couleurs.

Prix sur papier vélin, n°s 21 à 170 . . . .   **250 fr.**

Prix sur papier Japon, n°s 1 à 20, contenant une aquarelle originale
de Rochegrosse . . . .   **600 fr.**